| 제3회 '한국문학사를 빛낸 문인 대상' 수상 기념집 |

시조새 창공을 그리다

| 조희길 제4시집 |

| 제3회 '한국문학사를 빛낸 문인 대상' 수상 기념집 |

'시조새 창공을 그리다

조희길 시집

도서출판 천우

● 작가의 말

늦은 밤
잠들지 못하고
내게 주어진 일생, 어떻게 살아낼까
골똘하게 생각하는 중.

전설의 빙벽에서
시조새
조금씩 깨어나고 있다

지구촌은 곳곳에서 신음하고 있지만
관심받지 못하는
이 땅의 개가죽나무는 무섭게 자라고 있고
한반도의 산은 여전히 묵묵히 산이다

가끔씩
'너무 아파하지 마라'
신의 계시처럼
위로의 말 들려온다

2024년 11월 30일

大悟

제1부

상처는 되새기는 것이 아니다

● 작가의 말

눈물의 봄 1999 _ 13
눈물의 봄 2019 _ 14
너희들은 절대로 유기견이 아니다 _ 15
회색분자 _ 18
헌법재판소 단상 _ 19
믿음 그 언저리에서 _ 20
햇살과 그늘 _ 22
상처는 되새기는 것이 아니다 _ 23
그저, 그냥 버려둬라 _ 24
파업, 그 이후 _ 26
이건 노욕(老慾)이 아니제? _ 28
참살이 길 _ 29
인생무상 _ 30
정도(正道) _ 31
봄은 간다 _ 32
어떤 시간 _ 33

모란에 대한 추억 _ 34
추억의 생각 소환 _ 36
산다는 것은 _ 38
이제야 알았다 _ 39
부활을 꿈꾸며 _ 40
복귀(復歸) 1 _ 41
삼국지를 읽다가 _ 42
복귀(復歸) 2 _ 43
상처 입은 님에게 _ 44
세상 밖에 대하여 _ 45
복귀(復歸) 3 _ 46
2020년 칠월칠석(七月七夕) _ 47
새해에는 새 눈이 오려나? _ 48
환갑이 되던 해에 _ 50

제2부

닿지 못하는 섬

거룩한 詩 _ 53
이별가(歌) 1 _ 54
새출발 _ 55
아들에게 _ 56
어떤 화답 1 _ 57
섬 여행 _ 62
협상 _ 65
2021년 칠월의 숲 _ 66
득도(得道) 훈련 _ 68
흔들리지 않는 섬을 갈망한다 _ 70
섬 여행 2 _ 71
어떤 화답 2 _ 72
닿지 못하는 섬 _ 74
詩에 대한 시새움 _ 76
보이지 않는 수성못(壽城池) _ 77
경영회의 단상 _ 78

어떤 오후 _ 79
이별가(歌) 2 _ 80
숫돌을 보다가 _ 81
꽃이라고 불릴 때까지 _ 82
무제(無題) 1 _ 83
새벽 단상 _ 84
어둠 속에서 자라는 아픔 _ 86
山에 오르는 이유 _ 88
정상(正常) _ 89
눈물의 봄 2 _ 90
인내 3 _ 91
무제(無題) 2 _ 92
삶을 온전히 사는 법 _ 94
그런 때도 있었지 _ 95
그 섬에 가고 싶다 _ 96

제3부

씁쓸한, 그러나

2022년, 팔월 _ 99
보고 싶은 아버님, 어머님 _ 100
꿈의 강을 건넌다 _ 101
미라와 나 _ 102
정월 초하룻날, 통도사 _ 103
어떤 별리 _ 104
우문현답 _ 106
2023년 4월 23일 _ 107
이름 없는 풀꽃이듯이 _ 108
소낙비 _ 109
지아라 말(馬) _ 110
이제는 때가 되었다 _ 112
문득, 죽음에 대하여 _ 113
고향 빈집 _ 114
생존의 갈라파고스섬 _ 115
경청이 필요할 때 _ 116
딸 시집가는 날 _ 118
사랑이여, 시여~ _ 120

문득 깨달은, _ 121
백천촌(白川村) _ 122
자립(自立) _ 124
깨달음 _ 125
결심 _ 126
씁쓸한, 그러나 _ 128
힘들게 오는 봄 _ 130
갑갑한 시간 _ 132
이제 그만 털고 일어서자 _ 134
나를 놓아주렵니다 _ 135
정리(整理) _ 136
때 이른 유월에 핀 꽃의 안부 _ 138
그해, 연말 _ 140

제4부
너는 내 문안에 들어오지 않는다

배신자 __ 143
배고팠던 유년이 그립다 __ 144
쓸쓸한 하오(下午) __ 145
간절한 시 __ 146
우울한 시간 __ 148
기다리는 비 __ 149
연서(戀書) __ 150
아이들이 떠나던 날 __ 152
나에게 고하다 __ 153
무섭게 자라는 여름 나무 __ 154
너보다 너의 시를 경외하는 __ 155
보고 싶은 그 소년 __ 156
중심 잡기 __ 157
분금자학 __ 158
시집 __ 159
동의 __ 160
상식 밖의 노란 꽃 __ 161
춘래불사춘(春來不似春) __ 162

참회 __ 164
작은 성찰(省察) __ 165
그러나, 靑年이여! __ 166
때로는 사람보다 나은… __ 167
쓸쓸한 저녁 __ 168
어떤 독백 __ 169
핏발 선 유월 __ 170
빗소리 __ 172
쓸쓸한 신년식 __ 173
녹색 신호탄 2 __ 174
돌아보지 말고 걸어라 __ 175
부왕동암문(扶王洞暗門)
      근처에서 __ 176

제5부
싱싱한 결기들

눈부신 봄꿈 _ 179
그림자에서 벗어나니 빛이 없었다 _ 180
아지랑이 _ 182
인내 _ 183
극복(克服) _ 184
소낙비 _ 185
수령하지 못한 등기 우편 _ 186
봄비와 새순 _ 188
꿈 _ 190
일곱 친구들과 1박 2일 여행 _ 192
얼굴 _ 194
회한 _ 195
부활초 닮은 시인 _ 196
화(火) 나는 세상 _ 197
잘 익어 가고 있다 _ 198
열아홉 살
   검푸른 바다가 보고 싶다 _ 199
인내 5 _ 200
유년의 여름 _ 201

익숙하지 않은 밤 _ 202
2024년 3월 _ 204
사는 일 _ 206
가시 _ 207
초여름 바람 소리 _ 208
스크린 속에 떠 있는 당신 _ 209
놀라운 시인 _ 210
평상 수리 _ 211
밤 기차, 상행선 _ 212
참, 다행이다 _ 213
나무의 몸 _ 214
정리, 손톱부터 자른다 _ 215

제1부

상처는 되새기는 것이 아니다

눈물의 봄 1999

어쨌든 봄은 올 것인가
꽃물이 눈물처럼 뚝뚝 떨어지는
라일락 향기가 스멀스멀
사람 널브러지게 하는
그래
너 나 할 것 없이 못난 청춘들이여
삿대질할 것 없이 조용히 쓰러져 누워라
흙냄새 온몸으로 빨아들이면서

한낮의 땡볕
절박하리만큼 고독할 때
빛나는 고독을 머리 위에
화관처럼 이고
안개 속을 걸어 나오는 이방인

눈물의 봄 2019

들판은 이리도 환한데
꽃은 알아서 피고 지고
다투어 소리치는데
방 안에서
꿈속에서
헤어나지 못하고 뭐 하노?
네 지금 뭐 하고 있노?

잘 있거라!
짧았던 사랑이여!
꽃 · 이 · 파 · 리
흩날리는 사월, 사월, 사월

아픈 시
아픈 글
아픈 등허리

너희들은 절대로 유기견이 아니다

새벽에 낑낑대는 소릴 듣고
휴대폰 불을 켜고 너희들을 세어 본다
코1, 코2, 코3, 코4, 코5!
너희들은 절대로 유기견이 아니다
마포구 성산동 65번지 어엿한 부모 밑에서
당당하게 태어난 **뼈**대 있는 자손들이다
비록 네 어미와 아비는 유기견으로
돌아 돌아 입양되었지만, 너희들은
결코 버려진 물건 같은 생명체가 아니다
이제 태어난 지 열흘
아직 눈도 제대로 못 뜨고 있지만
훗날 너희들을 분양할 생각 하니 가슴이 먹먹하다
다 끌어안고 살아내자니
온 집안이 개판이 되어 감당이 안 될 거 같고
어디론가 떠나보내자니
도저히 그리하지 못할 것 같구나

어차피 너희들 인생과 내가 살아내는 세상은 다르지만
살아 있는 동안은 숨 쉬는 일이나
오장육부 생김새는 비슷하고
말은 못 하지만 속상한 것도 유사할 터

인간이란 탈을 쓰고
짐승만도 못한 것들이 수없이 많은 세상
더러는 국회의사당에 포탄이 떨어져,
뻔뻔하게 쌈박질하는 개만도 못한 그놈들
정신 번쩍 들게 했음 좋겠다는

글을 쓰다가, 이불 속에 손을 넣어
다시 한번 숫자를 세어 본다
하나, 둘, 셋, 넷, 다섯 녀석~ 이상 없구나

남들은 오늘이 크리스마스라고 들떠 있는데
나는 너희들 보는 재미에 푹 빠져 있다
앙증맞은 발가락, 보들보들한 털,
꼬물꼬물 빨간 혀를 돌리며 입맛 다시는 조그마한 입
한 주먹도 안 되는 너희들의 덩치가
밤새 꿈속에서 성견이 되어 있어
많이 놀라기도 하고 섭섭했지
그냥 요 상태로 쭈욱 살면 안 될까?
나도 더 이상 나이 먹지 않고, 흰머리도 고만 생기고
너희들도 꼬물꼬물 요대로 있음 안 될까?

젖을 먹이고 가쁜 숨을 몰아쉬는 애미 코미
58년 전 내 엄마도
주린 배 움켜쥐시고 저렇게 숨 가빠 했을까?
모르긴 해도 지금의 코미가
적어도 울 엄마보다 배는 훨씬 덜 고플 것이고
주인으로부터 사랑받고 있을 터,
모진 시집살이에 성질 급한 아버님 밑에서
얼마나 고생이 많으셨을까?
불현듯 불쌍하게 평생을 사시다 돌아가신
어머님이 많이도 보고 싶구나

회색분자

어찌 되었든 회색분자는 싫다
당연하지만 황사나, 미세먼지도 회색분자로 구분한다
옳으면 옳은 거고 그르면 그른 거지, 어정쩡하게 경계선에
걸터앉아 있는 것 자체가 싫다

길거리에서도 더러 보인다
이 차선도 아니고, 저 차선도 아닌 어중간하게
양다리 걸치고 달리는 자동차
술 먹고 운전하나?
그런 놈도 아주 싫다

요새는 도처에 어중간한 자 많다
녹을 먹는 자도, 세금을 내는 자도 그저 눈치만 본다
세상이 회색이니, **뼈대** 없는 인간들이 떼 지어 몰려다닌다

분명하지만 그런 놈들도 싫다
아주 많이 싫다

헌법재판소 단상

600년이 훌쩍 지난 백송은 무슨 생각을 할까?
재잘거리던 여고생들은 다 어디로 갔으며
130여 년 전 광혜원에서 치료받던
수많은 환자들은 모두 백골로 화했나?
아우성치던 백성들 중 살아남은 자 그 누구더뇨

〈헌법의 수호자〉는 사시사철 무슨 생각을 하고 있나?
무엇을 꿈꾸고 어떤 큰 분이 오시길 기다리나?

대대손손 후손들이 이 땅에 개미처럼 살아남아
민주를 외치고 자유를 갈망하는 곳
빛과 이상, 진리와 평등의 신성한 대반석 위
정의와 기백을 실천하는 땅

아뿔싸!
아직도 헌법재판소 앞에서 1인 시위 하는
몽롱한 풍경

믿음 그 언저리에서

그해 여름은 그렇게 혹독하게
더러는 두루뭉술하게 저음으로 지나갔다

진실과 허위가 뒤섞여 그 잘난 자존심, 죽음을 당하기도
죽이기도 하면서 아무렇지도 않은 척 얼굴을 돌렸다

내가 아는 상식과 네가 아는 척하는 지식이
위태롭게, 혹은 가증스럽게도 진실로 정의되기도 했다
그래, 올여름은 속절없이 가슴 저린 줄도 모르고 그렇게 지나갔다
가끔씩 쓰레기판인 정치판에서 호외 이상의 뉴스를 뱉어내고
질척거리는 욕망은 장마와 태풍에 쓸려가기도 했다

그래도 시간은 문틈 사이로 백마처럼 휙 지나갔다

그러나 누운 채 왼손을 뻗으면 애비강아지 매끄러운 등이 만져지고
또 다른 한 마리, 왼쪽을 피해 자박자박 머리 위로 걸어오는 소리
오른손으로 슬그머니 이불을 들어주면 자연스레 사타구니 사이에
코를 박고 잠을 청한다

나는 기계다
생각하는 기계다
세상은 도무지 믿음이 없다
도저히 생각이 나지 않는다

햇살과 그늘

구두 하나로 1년 6개월을 버텼다
애당초 볼이 좁았고, 많이 불편했지만 어려운 일상을
극복한다는 일념하에 줄창 고동색 하나만 고집했다
덕분에 발뒤꿈치에 굳은살이 생기고
급기야 그 살이 갈라져 피가 나기 시작한다

발이 구두를 이겼다 생각했는데
알고 보니 구두가 발을 짓물러 놓았다
구두가 나를 굴복시켰다

그만, 이제 내가 나를 내려놓고
나를 용서해 주자

햇살과 그늘
그늘과 햇살 밖의 차이는
한 보이거늘
여름과 가을 또한
이오십보소백보라

상처는 되새기는 것이 아니다

왜, 하고 싶은 말이 없겠습니까?
수시로 생각날 때마다 안부도 묻고 싶고
새벽 먼동이 트기 직전
움찔거리는 불덩이의 기운이 이마를 간지를 때나
어스름 해 질 녘,
그만 풀썩 주저앉아 눈 감고 싶을 때가
어디 한두 번이었겠습니까?

그래도, 참아야지요
먼 훗날 참은 게 후회될지 모르지만
불완전한 나를 내가 고마워하면서*
더러는 물젖은 태양을 응시하면서
그래, 상처는 되새기는 것이 아니다,
가만히 안아주는 것이다를 되뇌이면서

* 『나는 불완전한 내가 고맙다』(강경희 저) 참조.

그저, 그냥 버려둬라

몸을 씻는다
구석구석 내가 아닌 나를 닦아낸다 경건하게
이렇게라도 해야 그나마 정신이 살아날 거 같다
24시간, 한 달 일 년 내내 쫓기고 허둥대며 보낸 시간
나와 가장 가까운 사이, 내 몸뚱어리를 닦아낸다

그나마 내 의지대로 할 수 있는 일
쓸쓸한 그대를 지난 과거로 보내고
찬 서리 하얗게 내린 오늘 아침
돌아올 겨울을 흰 손으로 경배한다

그냥 흘려보내면 어떠랴
아무 말 없이 술만 들이켠들 온전히 취하랴

그래,
육신도 정신도 취해 그저 내버려두면 어떠랴
세월도 취하고, 역사도 취하고, 산짐승들도 취한다
제발 그저 그냥 버려둬라
물 흘러 땅속을 스며들듯 그저 버려둬라

마침내
낯익은 나를
다시 만나고 싶다

파업, 그 이후

흔들리지 마라!
은유로 말장난 마라
질러가는 게 빨리 가는 길이 아니다
감정을 속이면서까지 잘난 척 마라
호들갑 떨지 마라 실은 별거 아니다
불알 만져 키우듯이 비벼서 키우지 마라

의연해야 외려 흔들리지 않는다
침묵해야 더 당당하다

행여 심심하거든 글을 쓰라!
못 견뎌서 덤벼들지 마라
그 길이 진흙탕이고
그 밭이 뻘밭이다

더 이상 헤맬 시간이 어딨노?
아파야 청춘이고, 외로워야 중년이다
깊어야 리더이고, 참아야 어른 대접 받는다

길거리에서 우연히 만났을 때
외면당하지 않으려면
되는 대로 베풀어라

어차피 이 세상은 아마추어와 프로가 뒤엉켜
한바탕 잡초처럼 굴러가는 거
풀숲에 더러는 기가 찬 예쁜 꽃도 피지만
가시덤불로 이놈 저놈
허리와 목줄기를 휘감고 있는 잡초 판이니
누가 누구를 탓하고, 누가 먼저라고
내 영토라고 주장하는 것도 우습구나
우리네 인생이 뭐 그리 대단한 것도 없고
간단한 적도 없으니
그래, 그래 아직은 살아볼 만하구나!

이건 노욕(老慾)이 아니제?

나이가 들어도
바람피우다, 이혼을 당해도
사업이 폭삭 망해도
니가 보스이고 싶제…

니가 세상에서 제일
잘난 사람이라고 하고 싶제…

내 니 눈빛만 봐도 안다
니가 동창회 밴드에 올린 사진만 봐도
그 저의를 알겠구나
잘난, 오랫동안 참으로 믿음직했던 친구야!

시가 굳이 길어야 할 이유가 없듯이
내 마음도 여기까지인 거 같다

이건, 노욕이 아니제…

참살이 길

불완전한 내가 나를 거둘 줄 모르고
자꾸만 조바심 내며 인생 허무를 노래하면 어떡하나?

강아지들처럼 주인이 놀아주면 신나 하고
간식 주면 좋아서 어쩔 줄 모르는
운 좋으면 하루 두 번의 산책과 먹고 자는 일이 전부인데…
더더구나 개가 적금을 붓는 것도 아니고
부동산을 사는 일도 없을뿐더러
양말짝 하나 제 돈으로 구입하는 일 없어
주인이 입혀 주면 걸쳐 입는 천 쪼가리 덮개가 전부련만

개가 어디 분노하던가? 그저 놀라서 짖기만 할 따름이지
개를 스승으로 모셔라, 멀리 비행기 타고 안정 찾으러 갈 일 아니다

인생무상

그래, 일장춘몽! 한바탕 지나가는 꿈이었어
굳이 운명 운운할 거 없이 한여름 쏟아지는 소나기였어

검푸른 인간들이 떼 지어 몰려다니며 이승과 저승 그 근처쯤
간당간당 베일 줄 알면서 알몸을 송두리째 내놓았어

그럴싸한 핑계와 어쭙잖은 논리로 불완전한 나를 던져놓고
쯧쯧 가까이 있는 자가 눈치채지 못할 것이다, 단언했어

돌아서니 육십,
도무지 과거가 생각나질 않아, 행복한 적이 언제였던가

정도(正道)

오래된 집에
꼭 나이 든 사람이 살라는 법은 없다
그렇다고 새집에 젊은이만 살아야 할 이유도 없다

가늠 안 되는 세상만사
도처에 학고기 타는 냄새가 진동한다

병든 말도 푸른 초원을 그리워하는 법
틀림없이 오는 내일을 간과하는 우(愚)를 범하지 말라
용(龍)은 물 깊음을 걱정하지 않는다고 하지 않던가

봄은 간다

산
들판에
알아서 피고 지던 꽃

무더기로
흰 무덤으로
쌓이는 시든 꽃

가난한 영혼과 육신
사랑이라 둘러댄 비겁한 욕정

혼자만의 비밀인 양
가슴 졸이는 꽃
더러는 물욕
젖은 이파리
꽃 이파리

때늦게 핀
사랑이라 말하기 쑥스러운
산모롱이 외진 숲속
홀로
뭉치로 피어 있는 환한 슬픔

어떤 시간

신은 우연히 내게 다가왔고
운명처럼 당신은 어둠 속에서 걸어 나온다

삶과 죽음
이승과 저승 경계점에서 낯선 얼굴로
진실과 거짓 흘리며 태연하게 계단을 오른다

절기상으론 분명 봄인데
살아 있음에 안도할 필요도, 이유도 없어진 시간
그저 침묵하며
산수유꽃 터뜨리는 뒷산을 바라본다

모란에 대한 추억

내가 태어난 고향 집 뒤뜰
아무도 찾지 않는 쓸쓸한 그늘
목작약이었던가, 모란이라고 하던가
모란이면 어떻고, 작약인들 어찌하리
"앉으면 모란, 서면 작약"

사방 천지 가늠 안 되는 그리움
그저 만발하고 터져서
그 자리에 주저앉고 말았어

당나라 이정봉(李正封)은
'나라의 으뜸 미인의 얼굴에 아침에도
술기운이 돌고, 천계의 맑은 향기가
밤 옷에 스며든다'라고 했던가?

유년 시절, 살아생전 엄마 치마폭에서 불쑥 올라오던 꽃
지금에야, 돌아가신 아부지 허리춤 근처
삼베주적삼 같은 허기로 얼룩진 그리운 꽃
안아보고 싶고 안기고 싶은 그대여

사람도 계절에 따라 꽃처럼 피었다 지는가
꽃도 바람 따라 웃다가 우는가
눈 감아도 그림처럼 아스라이 떠오르는
고향 집 뒤뜰 환한 모란

추억의 생각 소환

묵은 원고를 정리하다가
12년 전에 딸에게 쓴 장문의 손 편지를 찾았다

'…아빠는 실은 이런 사람이야…
꽉 막힌 답답한 사람이 아니야
일을 할 때도 직원들에게 세게 밀어붙이다가
아아! 이러면 너트가 한계에 달해
터지고 말겠구나, 퍽 가겠구나, 그러면 안 되지
일의 끝도 알고 중간 지점도 알기에
더러는 달리는 차에서 중간에 내려
일부러 신호를 기다리기도 하는 사람이야
오늘처럼 비 오는 날
혼자 뒷산에 올라, 후욱 큰 숨도 쉬어 보고
산 넘어 재래시장에 들러 여기저기 기웃거리며
어묵이나 고추튀김도 먹으면서…
또 그네들의 고된 일상을 슬쩍 훔쳐보면서
고달프지만 지금 내 처지가 훨씬 낫다,
행복한 사내다 뭐 이런 시시한 위로를 하면서
건들건들 시장 골목을 빠져나오기도 하지
느긋하게, 아주 느긋하게

횡단보도 앞에서 신호 바뀌기를 기다리면서
올망졸망 장(場) 본 검은 비닐봉지 두어 개를
땅바닥에 내려놓고 비 내리는 하늘을 쳐다본다
가랑비가 눈이며 코끝에 방울방울 맺히고
까닭 모를 굵은 눈물 한 방울 툭 떨어진다
불현듯 '내가 왜 여기 서 있지?
나는 도대체 누구인가? 얼른 빨리 집에나 가자'
아침에 가볍게 너네 엄마랑 다투고 나온 터라
맘 상해 있을 테니 엄마와 너희들을 봐야겠구나…
이런 생각 하며 사는 여린 아빠야…'

12년도 더 되는 시간이
문틈 사이 백마처럼 휙 지나갔다
지난 세월만큼, 몸도 마음도 많이 느긋해진 건가?
앞으로 10년 후쯤에는
어느 사거리에서 어떤 신호대 앞에서 무슨 생각을 할까?

산다는 것은

산다는 것은
비뚤비뚤해진 글을
다시 잘 정리하는 거
순간순간의 빛을
연결하는 것
스쳐 가는 바람과 비와
햇살을 모으는 것

산다는 것은
너와 나
힘들어하고
더러는 환호하는 거

이제야 알았다

세상에 태어나서
처음 알았다
이름 모를 풀들도 저마다의 꽃을
피운다는 것을

자세히 들여다보니
그 꽃이 훨씬 더 앙증맞고
애틋하게 가슴 저며 오네

이제야 알았다
세상은 온통 배워야 할 것들로
가득하다는 사실을

부활을 꿈꾸며
― 꽃의 경건함에 대하여

말라도 떨어지지 않고 매달려 있는 꽃잎들
어이하랴 조용하게 하나씩 조심스레 받아내야지
황홀했던 지난날 자꾸 생각나지만 그만 털고 일어나야지
비록 허전한 줄기 사이 바람 든다 해도 푸른 잎, 큰 잎 몇 개에
몸 기대며 남은 꽃잎 받들어야지

이제 그만 감았던 철삿줄도 풀고
뿌리 근처까지 내리박았던 아픈 기둥 뽑아내자
혼자서도 지탱할 때 되었다

가뭇하게
시야에서 멀어졌던
꽃의 영혼 다시 살아난다

복귀(復歸) 1

차라리 침묵하거라
하고 싶은 말 그리 많아도
경건하게 어금니 깨물어라

속은 먼저 썩었지만
꽃은 나중에 떨어졌다

그만 놓아주세요
꽃대궁이 묶었던 철사
이제 그만 풀어주세요
자유를 다오
화사한 꽃
받들 만큼 받들었다
이제 그만 풀어주세요

벼랑 끝이다
그러나
그래도 된다
그럴 때도 됐다
그래야만 한다

삼국지를 읽다가

관우가 적에 둘러싸여 자결했을 때
유비만 쓰러져 통곡한 게 아니라
새벽녘, 나도 울었다
부모님 돌아가시고 대성통곡한 이래
울어 본 적 없거늘 1800여 년 전에 죽은 이웃 나라 장수
기개와 충절에 이리 울 줄 몰랐다

내로남불 오늘 이 땅에는
울 만큼 뭉클한 사람 하나 없다
편 가르기 똥고집에 하는 짓이라곤 부아 끓게 하는 자밖에 없으니
나라 꼴도 경제도 땅바닥에 뒹구네

깊은 꿈 깨어보니 산천은 여전한데
천하 영웅이여 살아 있는 자 그 누구던가
이 땅에 피고 지는 꽃들은 다 어디로 갔는가
우매한 자여!
풍류를 아는가
함부로 단정하지 마라
우리네 몸속에 흐르는 피가
그저 생긴 피가 아니다

복귀(復歸) 2

알고 보니 욕심이었어
눈 뜬 채 눈 감고 있었어
아니, 보려고 애쓰지 않았어

여름 한낮 사방을 컴컴하게 하고
우당퉁탕 한바탕 쏟아붓는 소낙비였어
사무실도, 법원도
내가 오르는 산도, 술집도
그저 지나가는 비였어
그러니 기어가는 개미 따위 보일 리 없지
새로 생긴 물줄기에 쓸려가도
아무도 관심 없었어
그런데 혼자 소리치고 있었어

욕심이 아니라 어리석은 거지
숲에는 잘라내야 할 나무도 있는 법
공자 왈, 썩은 나무로는 조각을 할 수 없고
썩은 흙으로는 담장을 손질할 수 없는 일이지

툭툭 털고 일어서거라
앉아서 두리번거리지 말고
일어서서 걸어라
돌아보지 말고 걸어가거라

상처 입은 님에게

가만히 안아주고 싶어요
너무 많은 것들 생각하지 말아요
시간이, 물이
그저 흘러가게 버려두세요
이것저것 따지지 말고 멀리 보지 말고
지금 이 시간 앞뜰만 보세요
바람의 숨결 가만가만 느껴보세요

그래도 됩니다
그래야만 됩니다

불어오는 바람도
내리는 비도
모두 흘러가는 시간에 맡기고
당신이 편안해질 때까지
저절로 미소가 생길 때까지

그저 말없이 기다리겠습니다

세상 밖에 대하여

문 닫고 살다 보면
문밖에서 무슨 일이 일어났는지 모른다
천둥, 빗소리 가끔 들릴지 모르지만
누가 어디서 뭘 먹고 사는지
산짐승 사랑 고백 어떻게 하는지 알 수가 없다

흔들리지 마라
빈 들판에 홀로 서서 양팔 벌리고
손가락 열 개 쫙악 펴고
불어오는 바람 눈 감고 맞이하는 일
게을리하지 마라

어느 날엔가
신이라 불리는 존재가
가슴에 들어와
그를 숭배하는 자손이 될 즈음
세상 법 없이도 사신 은사님이 돌아가셨다

갑자기 허기가 진다

복귀(復歸) 3

언제부터였던가
이를 어쩌누
당신의 문자에서
죽음의 그림자 일렁거린다
목소리에서
가식(假飾)의 역한 냄새가 난다

돌아서는 일이나
떠나는 거 어렵지 않다
다만
헛소문이 거추장스러울 뿐이다

죽음도 두렵지 않다
그저
여름 저녁
시원하게 불어오는 바람맞이 하듯이
선선하게 맞을 일이다

솔직히
내가 아닌 내가
길 위에 혼자 서 있기가
약간
떨릴 뿐이다

2020년 칠월칠석(七月七夕)

무엇이 그리도 애절했던가
죽어도 죽지 않는 답답한 세상
어느 날 뜻밖에도
꿈속에서
처음으로 온전하게 죽었다

은하의 서쪽 견우는 만날 수 없다
동대봉산(東大封山) 칡뿌리 얽힌 깊은 골짜기
고고한 학(鶴) 대신
날쌘 참매 날아오르고
우렁우렁 산(山)의 신음 소리 들린다

나의 신(神)은
일찌감치 이승을 떠났고
은하의 동쪽 직녀도 이미 죽었다

신(新)새벽
홀로 깨어
환생한 살 어루만지며
차라리
밤새 자란 손톱을
작두로 자른다

새해에는 새 눈이 오려나?

눈은 일정하게 내린다
질서 정연한 박자로 내린다
얼핏 보면 질서가 없는 듯하지만
엄격한 질서가 있다
간극을 두고 하나씩 한 올 한 올 춤추며
떨어지는 무수한 군무들
어느 지상에서 이처럼 고독한 춤을
본 적이 있는가

함께 내리지만 결코 함께가 아니다
외로이 떨어져, 제각각 홀로 내린다
공간, 어디에서 맺혀서
뛰어내리기 시작했을지 모를 일이다
중간에서 결코 죽지 않고 땅바닥까지
굳건히 살아 내린다

스물여섯 살 하오고개 벙커에서
맞았던 절정의 나비 떼
그 순수의 나비들이 손님처럼
스물여섯 해가 다시 지난 시간
서초동 사무실 앞에서

기억처럼 내린다

머리털 희끗희끗해지고
더러 가슴팍도 구멍으로 헛헛한데
꾸물꾸물 세월 저편으로부터 기어올라 와
뭉실뭉실 살아 내려온다
허기와 그리움으로 사람이 눈 시리게
그립던 시간

비만과 숙취로 사람이 부담되는 시간
이십육 년 전 내리던 눈은 변함이 없는데
욕망과 허기로 얼룩진
진실로 목통 죄어오는
보고 싶은 당신

환갑이 되던 해에

세상을
떠받들거나 관통하는
보통의 상식도 죽고

두 눈이 점차 흔들려
글자가 흐릿해지고

눈을 비빌수록
글씨는 촛불처럼
그림자로 일렁인다

이제
그 잘난 사랑은
명분도 약효도
수명을 다했다

굳이 정리하자면
생애 처음으로

찌리릿, 치명적으로
뇌를 강타했던
조절 안 되는
무서운 욕정이

서서히 사그라들고 있다

제2부

닿지 못하는 섬

거룩한 詩

내 인생은

너 때문에
죽었고

너 덕분에
다시
살아났다

이별가(歌) 1

 저 물은 흘러 흘러 어디로 가는 건가요? 눈에 보이지 않는 소리 없는 시간은 스쳐 스쳐 어디로 가는 건가요? 내 인생은 이승의 땅 어느 언덕쯤에서 사람답게 살고 있기나 한 건가요? 사람아, 사랑아! 내 마음의 병도 해 떨어지는 이맘때쯤이면 이제 그만 툭툭 털고 일어설 때도 되지 않았나요? 나를 속이면서 남도 속아주겠지, 착각하면서 실은 훤하게 속까지 다 들여다보고 있는 줄 모르고, 그저 못 본 척할 뿐이지. 끝내 끝끝내 그리워하며 무너지는 사월의 벚꽃 같은 사람아! 사랑아…

새출발

더 이상 기대지도 않겠다
더 이상 기대하지도 않겠다
더 이상 기다리지도 않겠다

단번에
단단하게
단호하게

홀로 피어날 거야
홀로 일어설 거야
홀로 걸어갈 거야

눈부신 봄 속으로
눈부신 들판으로
눈부신 삶 속으로

아들에게
― 청춘예찬

휑한 가슴 사이로 세찬 바람만 일렁일 것이다
울고 싶어도 울음이 나오지 않을 것이다

무작정 달리고 싶거든 달려라
넘어지거든 다시 일어나서 쓰러질 때까지 달려라
그래도 된다 그래야 할 때다
돌아서서 보면 한바탕 지나가는 소낙비다
사십여 년 전 나의 고뇌와 오늘 너의 쓰라림이
단 한 사람뿐인 내 아들이라 그럴 것이다 단정하지 않겠다

분노와 저항은 청춘의 특권이다
그래서 거침없이 살아내야 한다
시간이 약임을 머지않아 확인하게 될 것이다
기다리마 기꺼이 기다리마

청춘의 피는 끓는다
끓는 피의 힘, 또렷하게 떠오르는 분명한 목표에 쏟아부어라
참으로 빛나는 눈부신 청년아!

어떤 화답 1
— 山寺에서 보내온 편지

〈3월 5일, 금요일〉

(月城스님)
물은 하늘을 담아도
넘치지 않고
돌을 던져도 이내
그대로이네…

부처님 닮은 사랑도
행복에 넘치지 않고
뜻하지 않는 고난이 와도
흔들리지 않네
물이 깊을수록
마음이 깊어질수록
고락에 처연하다

세상 모든 강물이
바다로 흘러도
넘치지 않는 바다처럼

(속세에 사는 大悟)
살아 있었구나 그대여!

겁도 없이 통일 한국을 안으려던 자
그래, 한때의 꿈은 위대한 참 장군이 될 뻔도 했지
하늘의 구름을 품고
비에 젖지 않는 바다이길 희망했던
나의 아우여
가난했던 젊음의 초상이여

차라리
이제사 노래 부를 수 있습니다
이제야 떠날 수 있습니다
그 지난했던 과거로…

〈5월 20일, 목요일〉

(月城스님)

아직 가시지 않는 햇빛 사이로
뻐꾸기 울음소리 들려옵니다
잦은 비와 코로나 여파로
뒤숭숭한 날들…

비 갠 산천의 녹음이
작은 山寺를 장엄케 하고
바람 사위에 춤추는

햇살이 고마운 하루입니다
내 작은 일상을 내려놓는 종소리에
산천이 가라앉듯…

마음을 비우려
하늘을 보면서
오늘 내가 지었을
업장을 참회합니다
내가 살 수 있는 하루가
고맙고
내가 살아 있어 또
하루가
고맙습니다

(속세에 사는 大悟)

아무리 생각해 봐도
그 숱한 꿈과
그렇게도 뜨겁던 열정
그저 몇 해 술로 속을 지졌다고 담금질이 되었을까?
삭발하고 승복 걸치고 몇 년 수행했다고 정말 스님이 되었을까?
노, 노, 아닙니다 그대 가슴에서 용틀임하고 있는 열정과 사랑은

결코 꺼질 수가 없음을 내 잘 알지요
속은 문드러지고 입술은 타들어 가고 꿈과 목표는
나날이 더 또렷하게 살아나지 않는가요?

그래서 그대에게 기별할 수 없어요
참았던 그리움이, 힘들게 억눌렀던 슬픔이
행여 분노까지 확 한꺼번에 폭발할까 두려워
전화도 안부도 낼 수 없어요
그저 나는 아우를 아직도 사랑하니까요

〈5월 27일, 금요일〉

(月城스님)
주절주절 가슴에 대고
얘기하듯…

내리는 빗소리 들으며
지난날들
살아갈 날들을 생각해 봅니다

지난날은 참회요
앞날은 기도이겠지요

본디 지난날은 이미
가버렸기에 없는 것이요
미래는 아직 오지 않았기에
없는 것이니
지금 순간에 진리를 추구하라는
부처님 말씀에 초연해지려고
차 한 잔 들어 봅니다

(속세에 사는 大悟)

그곳 山寺에도 지금 소낙비 내리는가요?
빌딩 숲 서울 한복판에 앞이 안 보일 정도로
소낙비 퍼붓고 있어요
………
사십 년의 시간을 건너뛰어
먹먹한 가슴에
가늠 안 되는
소낙비 쏟아지고 있어요
………
그대가 나인지
내가 그대인지
빗속에 환영(幻影)처럼 떠오르는

섬 여행
— PROLOG

1.
여름은 거침없이 지나가고 있다

땅콩과 건포도가 입안에서 동시에 씹힐 때
유지 장치에 끼일 찌꺼기가 문득 어떤 모습일까 생각하다
계면쩍어 웃는다
씨 플라워 훼리호 선상에서는 더 그렇다

2.
낯선 섬에서 이틀 밤
밤새 익숙하지 못함에 뒤척이다 끝내는
악몽을 꾸다가 깨어난다
갑자기, 집에 두고 온 코코 가족이 몹시도 보고 싶어진다
특히 나를 쳐다보던 처연한 애비 코코의 눈빛

3.
「울릉 천국」에서 만난 젊은 작가 M
모르는 척 몸을 숨기지만 당신의 글 속에 이미 진실이 다 묻어 있다
어떤 죽음이나 별리로 절망에 던져져 울릉도로 도피했고
방황의 끝에서 희망을 갈망하는

땅콩과 호두, 건포도 봉지를 하나 더 뜯는다 놀랍다
죽어서도 건포도들은 서로 달라붙어 몸을 웅크리고 있다
감히 얘기한다 삶과 죽음은 그 누구도 예측하기 쉽지 않다
다만 추측하고 아파할 뿐이다

4.
시(詩)가 더러 덜커덕거리고
절뚝거리듯이 우리네 삶도 그저 유연하지만은 않음이
오히려 다행이다
「어떠한 흔적도 남기지 않는 바다에서 정체를 잃어버린 존재가 되어
그래도 우연히 마주치는 남겨진 관계의 바위에서 발견되길 바라는」
마지막 희망의 끈

5.
내가 만난 아마추어 작가 M
실험정신이 물씬 풍기는 땀내 스치듯 지나간 인연에서
고맙게도 나를 다시 발견한 한 줄기 빛 같은 시간

몹시도 갖고 싶던 전시장의 시작(詩作) 노트
다 큰 아들딸이 말려 슬쩍하기를 참, 잘 참았다

6.
당신이 육지를 떠나 섬에서 희망을 발견했다면
나는 섬을 떠나 집으로 돌아와 새로운 앞날을 확인했다
내가 살 곳은 바로 여기다 출렁이는 바다가 아니라
불안한 파도 위가 아니라 견고한 땅 위에 발 디딘 서울이
진정 내가 살 곳이다

협상

무지가 신념이 되면
사이비 종교보다 무섭다는 사실 자네 아나?
무지가 생활이 되면
영혼이 황폐해지고
법이 우습게 보인다는 사실 자네 아나?

그 무지한 무리들을 상대하노라면
눈이 침침해지고 악몽에서 깨어나면
온몸이 물먹은 솜덩이가 된다는 거 알고 있나?
그런 더러운 경험 해 본 적 있나?

그저
구경꾼처럼 함부로 얘기들 마시게나
인생은 리허설이 없고
더더군다나 지금은 폭염 속에 치르는 전쟁이라
제법 많이
꿀꿀하거든

2021년 칠월의 숲

숲속으로 들어갈수록
사람 흔적 없고
인연의 질긴 고리는
더욱 또렷이 살아납니다

숲속으로 깊이 들어갈수록
음험한 욕정 끓어오르고
번뇌 깊어집니다

세월이 흐를수록
쓸데없는 결벽증이 생겨
조바심 커지고
정체 모를 가슴앓이합니다

그러나
숲은 그저 무덤덤합니다
점잖게 큰 숨 내쉬면서
모든 것을 감싸안고 있을 뿐입니다

외로운 사람 하나가
보잘것없는 인간 하나가
숲에 던져져
혼자 힘겨워하고 있습니다
참 다행히도
숲속에서 바람이 입니다

숲속에서 시작한 바람은
그리도 보고 싶어 하던
시조새의 가벼운 날갯짓입니다
새로운 비상을 위한 시작입니다

득도(得道) 훈련

1.
답답해도
입장을
안부를
낼 수가 없다

기다려야 한다
세상의 평정과
이 나라 이 땅의 질서가
그나마 잡히기를

팔월 태양
더욱 뜨거워져도
분노
점차 끓어올라도
기다릴 건
기다려야 한다

2.
눈을 감는다
잠을 청한다
끓어오르는 피
잠재운다

꼭
말을 해야 사람답게 사는 건 아니다
묵음으로
꿈꾸던 봄을 보내고
녹음 짙은 땡볕 아래서
가을 맞을 채비한다

지금은
새
울음소리
노랫소리
가려듣는 귀
키우고 있는 중

흔들리지 않는 섬을 갈망한다

섬이 흔들리고 있다
느낌을 존중해야 하는데
느낌과 여론대로 움직이는 것이 세상인데
작은 섬이 통째로 흔들리고 있다

흔들리지 않는 것이 어디 있더냐?
세상만사 모든 것이 흔들리며 생존한다
들판의 풀도, 계곡 사이 이름 모를 벌레도 기우뚱거린다
아파하며 생을 지탱한다

폭염이든, 폭우든
흔들리는 진폭만큼 훌쩍 뛰었다가 사위어 간다
흔들리지 않는 건 죽어 있다
살아 숨 쉬는 건 모든 게 흔들리고 있다

흔들림을 즐기고 흔들림을 사랑한다
흔들, 흔들, 흔들…
지구는 흔들리고 있다

솔직히 나도 조금 흔들리고 있다

섬 여행 2

정한 시간에 어김없이 배는 들어왔다
차라리 들어오질 말지

비단 봄이나 가을에만 쓸쓸한 건 아니다
염천한발에도 가슴이 저미도록 외롭고 쓸쓸한 섬
신도에서 시도로, 시도에서 모도를 돌아도 쓸쓸하긴 매한가지

그물이 삼천 코면 뭐하나 벼리가 으뜸인 걸
벼리 없는 그물은 백사장 구석에 버려진 쓰레기에 불과한 걸
연륙교 착공 발표로 천정부지로 띄워놓은 땅 값
물욕과 아집이 똘똘 뭉쳐 해안 자갈마저 검게 부식시켜 놓았다

동행한 이가 뭐라고 계속 말은 붙여 오는데
가슴에 남는 말이 없다 그저 겉돌기만 하는
열기 속의 찝찝한 습기

시간이 다 됐는데도 배는 들어오지 않는다
차라리 잘됐다 내심 그러기를 기다린지도 모를 일이다
끝내 배가 돌아오지 않으면 한 겹씩 가식의 옷을 벗고
어둠이 완전히 잠길 즈음 혼자 침몰할 것이다

어떤 화답 2
― 山寺에서 보내온 편지

(月城 스님)
입추가 지난날
대지를 식히는 빗방울
산천에 배어드니
마지막 단말마인가

매미 소리 시원타…
문득 조석으로
문을 닫고 싶은 건
가을이 이미 문턱을 넘었을 게다
문득 상큼하고
햇살이 빛나 보이는 시간

매미 소리 이어받아
쓰르라미 같은 염불 하고 싶네
뭐이고…
뭐이고…
쓰러쓰러
넘어갈 제
아무것도 없네…

구름이 산 넘어가는 이유
이제야 알겠네
허공이 밝아
천지를 감싸는 것…

(속세에 사는 大悟)
속세와 인연 끊지 않고는
진정으로 속세를 떠났다고 할 수 없지
지은 죄업 감당하기 어려운데
남을 위한 설법은 웬 말인고?

차라리 연을 붙잡지 않음이
그대와 나를 위한 일일진대
그럴싸한 핑계로 애써 연결하지 마라
잠시 잊었던 사람,
확인했으면 됐다

이 정도면 의리 지킨 거지
더 이상 미련 두지 마라
육체도 정신도 못 따라간다
도반이 따로 있나
이렇게 살아가는 게
이승이고 행복이제

닿지 못하는 섬

푹푹 찌는 한여름에
폭설이 내리기를 간절히 원한다
사람이 눈 시리게 그립고, 사랑이 간절한 시간
살아 있는 자 모두 나오너라
진정으로 살아 있는 자 모두 나오너라
소리치는 자 누구인가?

연륙교는 있지만 마음은 섬이다
팔월 한낮인데도 섬은 가라앉아 있다
배에 차를 실은 이도
차 없이 몸만 실은 이도
섬처럼 가라앉아 있다
초점 잃은 눈동자에 욕정의 찌꺼기만 한쪽 구석에 남아 있다
익숙해진 절망과 근거 없는 욕망들이
떨어지는 햇살 줄기 사이로 어지럽게 흩어진다
침침한 글자판도 게으른 갈매기 떼도
뚝뚝 흘러내리는 땀방울 사이로 명멸한다

돌아보면 돌아볼수록 그리움 커지는 그림자
처음 접하는 돌이킬 수 없는 비정상의 여름
때 묻지 않은 책장처럼 무색한 쓸쓸함
아무리 생각해 봐도 가늠 안 되는 인생사
인간이든 인간이 아닌 잡놈이든 섬과 섬 사이에서는
자칫 실명할 뻔했던 한순간의 일출과 일몰
빛의 광란이 똑같이 무너지고 있다

詩에 대한 시새움

너희들의 당당함과 자랑스러움
심지어 이글거리는 결기까지 까놓고 보면
전부 버르장머리 없는 웅얼거림에 불과하다

바다 한가운데 떠돌아다니는 버려진 코르크 마개 같은 거
아프다고 소리치지 마라 벼엉신 그건 아픈 게 아니다
병을 만들어 아픈 척하는 거다

잘난 너희들이
우리말을 농락하고 있다
우리의 생각을 함부로 짓밟고 있을지도 모른다

잘난 詩여!
난 더 이상 너의 시종(侍從)이 아니다
난 그저 나일 뿐이다

보이지 않는 수성못(壽城池)

꿈처럼 흘러간 몽롱한 시간
나는 나를 찌르고 베면서 속울음 삼켰다

본디의 나는
보이지 않는 물 위에
오롯이 떠 있었다
순간 기우뚱거리다가
텅 빈 영혼으로 몸서리치며
서서히 컴컴한 물속으로
가라앉고 있었다

수성못은 천지가 어둠이라
당신의 얼굴을
더 이상 볼 수가 없다

이른 새벽
적막한 달구벌을 거쳐
비 오는 서라벌을 서둘러 벗어나
기차에 몸을 싣는다
자, 지금부터 또 다른
새로운 인내의 시간이 시작되는 걸까?

경영회의 단상

이 긴장감이 좋다
이렇게 팽팽한
얼굴이 벌겋게 달아오르고
순간적으로
심장이 쾅쾅 뛰는
이마에 땀이 송글송글 절로 맺히는
이렇게 쫄깃한 긴장, 스릴
엔도르핀이 팡팡 솟아오르는
이 압박감이 좋다

돌아보니
퉁퉁 부은 듯한 얼굴들
갑자기 낯설은 얼굴
불과 몇 년 사이에
사람들 얼굴이 달라졌다

실은,
돌아서면
아무것도 아닌데
손 놓으면
남은 것 아무것도 없는데

어떤 오후

새벽이라고 누구에게나
아침이 오는 것은 아니다

어둠과 밝음
삶과 죽음
명멸해 가는 석양

순간적으로
가늠 안 되는 공포와
소름이
등판을 감싼다

이별가(歌) 2

다 헛소리였어
다 앓는 소리였어
한순간 지나가는 바람이었어
한줄기 세차게 쏟아지는 소낙비였어

진정한 외로움이 뭔지
진실로 힘든 일이 뭔지
고통이 뭔지 알지 못했다

어디가 아픈지
어디가 터졌고
피가 흐르는지도
알 수가 없었다

그저 이래도 되나? 대충 살아왔어
너무 쉽게 생각하고 쉽게 판단했어
진실은 따로 있었어
아픈 데는 따로 있었어

이별은 두려움이 아니다
슬픔은 패배가 아니다
축제는 이제 끝났다
발 디딘 땅이 흔들린다

숫돌을 보다가

갈고 갈아
맨들맨들해진
육체와 혼

네 몸을 갈아 날 세우니
못 벨 것 없구나

평생 동안 온몸 던져
육 남매 키운
아부지, 어무이 생각

설움 울컥 올라오는
찬 서리 내린 아침

꽃이라고 불릴 때까지

꽃이라고
조심스레 불렀는데
꽃은 피지 않았다

꽃이라고
목이 메어 불렀는데
꽃은 내게 오지 않았다

꽃은 내내 숨어 있었다
힘겹게 참고 있었다
꽃은 내 마음을 모른다

꽃은, 행여
나의 기다림을 눈치챘을지 모른다

마침내 핀 꽃
꽃이라고 불릴 때까지
너 얼마나 힘겨웠는지
아무도 모른다

무제(無題) 1

  어느 해 겨울인들 바람 불고 눈 내리지 않았던가 어디서 본 듯한 낯익은 눈발과 차디찬 빗줄기 우울한 사람들이 우중충하게 걸어가는 검찰청 대법원 네거리 꿈도 희망도 잊은 듯한 이월 설이다 입춘이 지났다 흥얼흥얼 흥 나는 분위기조차 시들한 초저녁 당뇨로 금주령이 내렸지만 세게 한잔하고 널브러지고 싶다는 씁쓸함 잘난 당신은 잘난 대로 외통수길 가고 그래 지금은 제법 많이 쓰릴지 모르지만 차라리 이쯤서 돌아서라 깔끔하게 참지 못해 실수하면 재수 없이 죽을지도 몰라 그러고 보니 매너 없고 영혼 없는 자 베풀 이유 없다 착각하는 자 정신 차리게 냉정하게 잘라야 한다 정이든 돈이든 시간이든 모두 정리할 때다 잘 떠나가라 할 만큼 했다 이제 중심에서 벗어나 변방에 있을 것이다 목숨을 바칠 뭔가 없으면 사는 게 아니다 말의 성찬 말들이 꼿꼿하게 서서 탱탱하게 걸어간다 말장난하지 마라 그건 부끄러운 짓임을 알아야 한다

  중심을 양보해야
  중심이 될 수 있다

새벽 단상

꿈도 생시도 아닌
어슴푸레 경계점에서
맨발에 슬리퍼가 걸릴 듯 말 듯
신발이 신기지 않는
마치 죽은 듯한 시간
열외당한 외로운 섬
그러나 가장 순결하고
고결한 꿈꾸는 시간

흘러 흘러 포구에 닿은 여정
무거운 짐 내려놓고
아스라이 먼 산 바라볼 일이다
꼼수 부리지 마라
그럴 생각조차 하지 마라 구차하다
억지 부리지마라 그럴 시간 없다
진실로 적막함을 감싸안을 때이다
굳이 이별가나 사랑가를 부를 필요 없다
그저 눈 딱 감고
물 흐르는 소리, 바람 부는 소리
경청할 시간이다

너무 겁먹지 마라
인생은 한바탕 잔치 마당이다
축제 판에 너무 많이 생각하지 마라
내가 정의이고, 내가 주인공이다
다만 겸손하게 경청할 일이다

어둠 속에서 자라는 아픔

내 역사가
내 삶의 전부가 이렇게
허망하게 절단(切斷) 나는구나
동상이몽의 슬픈 세월이여

죽을 판 살 판
힘겹게 살아온 서글픈 인생이여

마음의 다리
건널 수 없는 강
다리를 걷어내고 싶다
강을 굳이 건너고 싶지 않다
꿈에라도 유년으로 돌아가고 싶다

네 몸에는 불신과 욕심이 너무 많이 실려 있다
내 몸에는 분별없는 증오와 야욕이 너무 오랫동안 자라왔다
이제야 보이네
이제 그만 내려놓자

어느 날 하늘 높이 날던 연의 줄
툭 끊어지면 어이하랴
아파서 허탈해서
어찌할꼬…
차라리 지금 내려놓아라
욕심도, 절망도
정말 나만 몰랐네
지금도 가진 게 많다잖아, 글쎄

山에 오르는 이유

세상에는 모든 일이 순서가 있는가 보네요
만나는 일도 헤어지는 일도
사랑도 슬픔도 차례가 있나 봅니다
가끔씩 폭풍처럼 한꺼번에 밀려오기도 하지만
이른 아침에 눈이 더욱 밝아지듯
신이 정한 순서가 있는 법인가 보네요
따라야 하겠지요
의당 그래야 합니다
그래야 들판에 들꽃이 피듯이
죽은 듯한 나무에서 푸른 싹이 돋아나겠지요
그 푸른 싹이 무성해져서 녹음 짙은 여름 지나
낙엽 지는 가을이 올 때까지 기다려야겠지요

가슴이 아플 때는
아파서 견딜 수가 없을 때는
산에 오릅니다
산은 고통을 견디는 법을 배워야 하는 곳이니까요
산에 올라
눈을 감고 바람 소리 듣습니다
죽음을 기다립니다
죽어서 살아나길 기다립니다

정상(正常)

여기까지야
솔직히 이건 사랑이 아니고, 그저 열기(熱氣)야
앉았다 일어서면 어지러운 그런,
지구가 흔들리고 내 인생의
중심축이 흔들리는 일이야

여기까지야
그게 맞는 거야
더 이상도 더 이하도 아니야
기우뚱거리는 의구심과 원성들…
희미하게 아우성이 들리잖아?
힘들다고 소리치고 있잖아!

장난 같은 모의도
모험으로 시작한 도발(挑發)
도발은 도발로 끝나야 정상이야

눈물의 봄 2

눈(目)에 화상을 입는다

봄날이 가는 눈물겨운 오늘
눈이 내린다 뜨거운 눈이 내린다
까막눈이여 눈 감고 살아온 눈 못 뜰 지경의
분노여, 종잡을 수 없는 화(火)여~

뜨거운 눈(雪)

까막눈에 차갑게 데고 있다

인내 3

거꾸로 매달려 세상을 본다
허리가 시원해지는 만큼
발목 통증이 조금씩 더해진다
견뎌야 한다 그래도 견뎌야 한다
거꾸로 보이는 세상만큼이나
살아갈 앞날을 똑바로 펼치기 위해
기다려야 한다

안개 속 앞날은 아니지만
누추하거나 곤궁함을 이겨내기 위해
힘들지만 참아야 한다
그늘과 외진 곳을 마다 않고
홀로 견뎌야 한다

정수리 끝자리 즈음
외로운 영혼들이 하나둘
모두 모일 때까지
반듯하게 견뎌야 한다

무제(無題) 2

오래도록 타는 목마름으로 도심 난간을 어슬렁거렸다
내가 누구인지도 앞에 서 있는 이가 누구인지도
모른 채 그저 아메바처럼 배설하고
있었다 일인칭이면 어떠랴 이미 도덕도 신념도
멀리한 기억이 가물가물한 걸, 자칫
기우뚱거리다 허공에 매달릴지 모른다는
막연한 불안감으로 늙음을 맞이하고 있다
노인이 되기 싫은데 초라해지고 싶지 않은데
그들 무리 속에 섞여 한낮을 보내고
있지나 않는지 그러다 전염되고 말았나?
소리 소문 없이 코로나처럼, 원숭이 두창처럼
더럽고 비겁하게 감염되고 말 건가?
그래서 생각 기울어진 자들이 나를 하찮게 보고 있나?
함부로 더듬더듬 덤빈다. 말의 유희와 곤궁함
속에 어질어질 벼랑 끝에 위태롭게 서 있다

황당한 전화벨이 울렸다
경사 났다, 경사 났어~

나는 오월 찬란한 혼란 속에 헤매는 중
내가 먼저 던진다
홀인원 했어?

이야, 머리가 정말 좋구나~
응, 그래! 홀인원 했어!
…

올여름은 일기예보대로
비가 많이 왔음 좋겠다

삶을 온전히 사는 법

눈을 감는다
삼십 년이 더 지난 일들은 가물가물하다

앞으로 삼십 년 더 살면 대성공이다
30년 후 오늘이 기억나기 어려울 것이다
화도, 쓸쓸함도, 절망감도
거의 생각나지 않을 것이 분명하다

헌데, 지금 고민하는 것은 다 무엇이며
꿈꾸는 것 또한 다 무엇이더뇨?

아파할 필요 없다
고민할 필요도 없다
지극히 아날로그 방식이지만
그저 닥치는 대로 살면 된다
하루를, 오늘 하루를 온전하게
잘 살아내면 된다

"매일 하루를 '나'로 살아가라, 그것이 삶을 온전히 사는 법"
카뮈의 말을 굳이 빌리지 않더라도
이제쯤은 내가 나에게 정직할 때가 되었다

그런 때도 있었지

잊고 살았다
쉬이 잊으면 안 되는데
잊고 살았다

앞마당 감나무 그늘 아래에서
손칼국수 두 그릇 먹고도
더 먹고 싶던 어린 시절

사람이 보고 싶고
돌아서면 배고프던
병영생활

시간아
제발 흘러 다오
빨리 나이를 먹고 싶다
앞날이 안개 속에 갇혀 있던
숨 막히는 나날

돈도 많이 벌고 싶다
사랑도 맘껏 하고 싶다
빨리빨리 도심으로 뛰어들고 싶다
산속 깊은 골짜기는 숨 막힌다
시간아 제발 빨리 흘러가 다오
갈망하던 푸르디푸른 청년이여

그 섬에 가고 싶다

그 섬에 가고 싶다
주저리주저리 엉겨 붙은 일상사
어찌하지 못해도

그 섬에 가고 싶다
절뚝거리는 게으름뱅이, 바람 든 월남치마가
열기 속에 가물거리는

그 섬에 가고 싶다
빨간 뚜껑 25도 원조 이슬이로 온몸을
마비시키고 돌아오는 길
주저리주저리 엉겨 붙은 거머리 같은 일상사

모두 털어버리고 싶다

제3부

씁쓸한, 그러나

2022년, 팔월

매일 밤마다 죽는다는
스스로 한 맺힌 여류 시인
무슨 한이 그리도 많이 맺힌 걸까?

앉아 있을 때나, 서 있을 때나
숨이 잘 쉬어지지 않는 나는
무슨 병에 걸린 걸까?

사방 천지 물 폭탄에
서로 할퀴고 물어뜯는 아수라장
이 나라 정치판은 똥통 정치판
제발 사람답게 살 수 있는 세상은 언제 올까?

내가 너무 민감한가요?
내가 너무 순진한가요?
쓸데없는 곳에 너무 예민한 바보인가요?

보고 싶은 아버님, 어머님

당신은 떠났지만 영원히 떠난 것이 아닙니다
내 몸 뼈마디 구석구석 당신의 혼이 스며들어 있습니다
그래서 아침마다 흔들릴지도 모릅니다
외롭게 떠도는 님의 영혼과 나의 가늠 안 되는 기(氣)가
따사로운 땅 어딘가에 정착하지 못하고
떠돌아다니고 있음이 분명합니다

그래서 하루 종일 목이 멥니다
특별한 이유 없이 목이 멥니다
목메어, 더욱 답답한 가슴
하지 않아도 좋을 실없는 걱정을
밤마다 합니다

아버님, 어머님!
편히 잠드십시오…

이제 그만 저도 실없는 욕심 내려놓겠습니다
이만하면 그런대로 살아오지 않았습니까?
앞으로도 부끄럽지 않게 잘 살아내겠습니다

꿈의 강을 건넌다

나는 밤마다 너의 강을 건넌다
영롱한 초록빛 가득한 신비로운 언덕
애타게 너의 강을 거슬러 올라
삶과 죽음의 계곡을 지나 마침내
꿈의 강을 건넌다

거추장스러운 아침저녁 출퇴근길 다 버리고
모욕과 음모도 접은 채 이제 그만
처음 보는 낯선 길을 걷는다
실은 아무도 예측하지 못하는 길
나의 고통과 짧은 환희조차도 생경한

발가락 발뒤꿈치까지 버팅기다
마침내 너의 강을
나의 강을 건넌다
꿈꾸는 꿈속의 물길 위를
저벅저벅 소리 내며 걸어간다

미라와 나

너의 방에는 삶과 죽음의 갈림길에 있는
환자(患者)들로 항상 가득 차 있고
나의 방에는 아집과 고뇌들이 넘실대고 있다

오! 돌이킬 수 없는 결기여,
세월의 허망함이여
이를 어쩌누! 너와 나는 다른 세상을 살고 있구나…
그래도 늦지 않았다
너의 방과 나의 부실한 들판을
너무 늦지 않은 지금에라도 깨우쳤으니

인생은 통제되는 것이 아니란다
스스로 제어하는 힘을 길러야 한다

욕심이 결국 나를 해칠 것이다
욕심에서 의연하게 걸어 나와야 한다
쇠붙이들에서, 돈에서, 탐닉에서
보잘것없는 명예에서
걸어 나와야 한다
제발 부끄럽지 않게, 당당하게…

정월 초하룻날, 통도사

사방 천지 캄캄한 어둠 속에서 잉태되어
잠시 빛 속에서 웅얼거리다가
다시 깊고 깊은 어둠 속으로 잦아든다
도무지 내가 나를 알 길이 없다

이승에서 당신을 만날 날도 몇 번 남지 않았군요
바이킹처럼 발할라에서 즐거이 만날 수 있으려나
그건 그저 역사고, 꿈같은 영화가 아니던가요?

부처님 정골 사리탑
정월 초하룻날
맨발로 아들과 돌면서
형제와, 부모님과
자식과의 인연을
새롭게 생각한다

어떤 별리

언제쯤부터였던가
균형을 잃고 버둥거리기 시작했다
겁 많은 놈이 되어 비굴해져 있었다
아닌 척 큰소리쳤지만
오히려 더 낯선 얼굴
돌아보니 아직도 이승의 땅
내가 나를 분간하기 어려워졌구나
매일 조금씩 우울해져 좌충우돌
수면 부족과 식탐 갈등 핏발 선 눈

"그 사람 앞에서
당당하고 싶어요
내일은 그이 산소에 가려고요
다 털고 가고 싶어요
양도세가 아깝고
내 생애에 두 번 다시 그런 집을 살 수 없지만
내가 통제할 수 없는 돈은
내 돈이 아니라잖아요
그래서 임자 나왔을 때 팔려고요
새 사람으로 거듭나고 싶어요"

그래, 그렇겠지 그러고 싶은 맘
충분히 이해합니다
그래서 적어도 오늘은 모든 욕망 억제하고
조용히 눈 감고 물밀듯이 밀려오는
형용할 수 없는 어떤 쓰라림 받아들이렵니다
그러라고 하니
훗날, 아니 지금도
당신처럼 나도 당당해지네요

우문현답

나는 바보다
완전 멍텅구리는 아니지만
가끔씩 바보 같다는 생각을
지울 수가 없다

그래서 늘 허전하고
우주 어딘가가
마음이
이리도 아픈가 보다

2023년 4월 23일

신호등 앞에서 님을 생각한다
항상 내 편이 되어 주시던 당신
죽음은 어느 순간 불시에 찾아오고
나는 어찌할 수가 없었다

그래도 어떻게든 산 사람은 살아지는 거다
어른들은 다 돌아가시고
어느 날 졸지에 내가 그 자리에 섰네
실감 안 나는 아들 결혼식
이 묘한 기분을 대체 어떻게 표현해야 되나?

어수선한 지하 휘트니스장
거꾸리에 거꾸로 매달려
문자판을 엄지손가락으로
또박또박 두드리면서
삶과 살아 있음에 대해서
다시 한번 골똘하게 생각한다

이름 없는 풀꽃이듯이

어느 날부터인가 길거리에 이름 모를 풀꽃들이
눈에 들어온다 이름은 알 수 없지만 낯익은 꽃들
내가 다섯 살이나 여섯 살 때도 예쁘다, 경이롭다 그런
느낌이 들었을까? 그 나이에 경이로운 건 알지는 못해도
제대로 기억도 안 나지만 그랬을 거야, 틀림없이 그랬을 거야
지금처럼 가슴속 눈물이 그렁그렁 맺히진 않았겠지만
예쁘다, 귀엽다 가만가만 뺨에 문질렀을 거야
강아지 코난이가 얼굴이며 등허리를 바짝 붙여 문지르듯이

지금의 내 모습이 이름 없는 풀꽃이듯이
길 걷는 행인이 나를 무심코 흘려보내듯이
아무도 관심 갖지 않는 여름 숲
외로운 풀꽃이듯이

소낙비

1.
하고 싶은 말 다 하고 나면
아프지 않을까?
다 쏟아내고 나면 소낙비 내릴까?
신열이 식을까?
먼 산 바라보면, 가물가물
너의 목소리 들려올까?
신의 어떤 계시라도 들려올까?

2.
숨 쉴 틈 없이 쏟아붓는다
한숨 돌릴 틈 없이
천지를 장악하고 있다
굳이 설명이나 변명이 필요 없다
담장 위에도 담장 구석에도
아스라이 떠 있는 산허리에도

보이지 않는 완력으로
니가 나를
완전히
함몰시키고 있다

지아라* 말(馬)

1.
사르데냐 지아라 말(馬)
세상 보통 말과 큰 차이 없지만
경주마보다 훨씬 작은 덩치에
태어나서 털이 마르기 전부터
홀로 서는 법을 배우고
무리를 지키는 애비가 되어서
등갈퀴를 물어뜯으며 싸우다가
숲속 퍽퍽한 들판에서
발버둥 치다 눈을 감는…

나는 결코
지아라 말이 되고 싶지 않다
풀리지 않는 이유 몇 가지가 있다
납득 안 되는 일 몇 가지가 있다

2.
너는 네 고통 뒤에 숨어 있다
사람들은 자신이 갇힌 걸 모르고 있다
가장 무서운 적은
우리의 무지
우리의 자아이다

홀로 건널 수 없는 비탈에
야생마 달리는 들판을 펼쳐놓고
'네가 서 있는 그곳이 평원이다'라고 우기면
내 꿈에서 자유로워지는 걸까
포기할 수 있다면 꿈이 아니겠지
꿈이 없으면 온전히 죽은 목숨이다

＊지아라 : 사르데냐 깊숙한 곳에 계곡 위로 솟아 있는 섬 속의 섬. 자유의
  땅인 동시에 속박의 땅으로 출구가 없는 구역. 극한 자연환경이 특징인
  이 땅에 엄청난 수의 야생마가 살고 있다.

이제는 때가 되었다

그만 족쇄를 풀어 다오
내가 나를 가두어 놓은
갑갑한 족쇄를 풀어 다오
몇 해 전 겨울부터 사계절이
온전하게 수 바퀴를 돌고 돌아
다시 뜨거운 여름이 왔는데
잠 못 이루는 님아 이제 그만
족쇄를 풀어 다오

나에게 없는 신이시여
제가 잘못했습니다
가늠 안 되는 분노와 욕심
모두 내려놓고
소금 기둥 사이로
짐승처럼 걸어가겠습니다

알몸으로 걸어가겠습니다
당신의 아들이 되어 걷겠습니다
물기 마르지 않는 새끼로
다시 태어나겠습니다

문득, 죽음에 대하여

나는 잠들 것이다
죽음의 강을 거슬러 올라
소리도 냄새도 없이
잠들 것이다

무섭지 않은
결코 두렵지 않은
죽음을 담담하게 맞을 것이다
처서 지난 막바지 더위가 사방에서
쑤셔댈 때 서늘한 바람처럼
쓰러질 것이다

문득, 미련이 남았나
내가 쓸던 골목은 다 어찌하고
밤새 지고 왔던 돌들은 다 어찌할꼬
돌아서서 보니 해가 아직도
전봇대 위에 걸려 있네

고향 빈집

사람 사는 집에는
사람이 살아야 한다
벌레나 짐승이 살아서는 안 된다
사람이 그들을 데리고 살아야지
그들이 주인 행세를 하면 안 된다

그들이 주인이 되면
집이 허물어지고
정신이 허물어진다
한집안 역사가 무너진다

내가 태어나고 자란
고향집
아부지 돌아가시기 전
'절대 팔지 말고, 너희 형제들
별장처럼 사용해라'시던 말씀

텅 빈 집 마당에는 낯설은 잡초와
어릴 때 같이 놀던 낯익은
벌레 몇 마리 기어다닌다

생존의 갈라파고스섬

너무 용쓰지 마라
물 흐르듯이 가면 되는 거야
바람이 부는 대로
구름이 흘러가는 대로
나를 편하게 맡기고
그저 걸어라

빨리 정상에 다다를 이유 없다
숨이 거칠어질 때는
과감히 돌아서서 걸어라
그래도 된다
지금은 눈을 감고 잠시 숨을 내쉴 때다
뜨거운 여름을 지내왔으니
감당 안 될 뻔했던 일을
온몸 던져 감당해 왔으니

더러는 공격에 도피하는
순간의 확고한 결단력과
갈라파고스의 따뜻한 햇살 덕에
다음 세대를 보장받기도 하는
이구아나처럼

경청이 필요할 때

뿌리가 흔들리는 줄 모르고
제 고집이, 지 주장이
육체와 정신이 송두리째
꼬라박히는 줄 모르고 허칠대다가
늦여름 후텁지근한 바람 부는
쓸쓸한 변두리 골프장 벤치에서 쓰러져
시원하게 말 한마디 못 하고
생을 마감하였다

욕하는 거 아니다
결코 삿대질하는 거 아니다
니만 몰랐지 다른 이에겐
너의 똘기가 죽음을 재촉하고 있음을
훤히 들여다보고 있었다

실은 나도 죽음에 대해선
그리 민감하거나 슬기롭지 못하다
세상을 향해, 원인 모를 분노로
울부짖다가 쓸쓸하게 들판의 늑대처럼
눈 감을지 모를 일이다

지금이라도 늦지 않았다
제발 입 닫고, 앞에 앉은 이 말
경청하는 점잖은 사자가 되거라

딸 시집가는 날

마침내 그날이 오긴 오네
한 시간여를 잤는데 마치 긴 밤을 잔 것처럼
도무지 잠이 오질 않네
생시와 꿈이 구분되지 않고
글자가 이중으로 겹치듯이

마치 결전의 순간처럼
평온하리라 생각했던
혼인의 시간이 이토록 크게
나의 정신 줄을 흔드는구나

스무 일곱 살 피 끓던 청년의 가을날
내가 올렸던 혼례를
눈에 넣어도 아프지 않을 서른다섯 딸
결혼 하루 전 밤
얼굴 부을 수 있다는 남들 조언에
저녁 대신 먹은 삶은 계란 두 개가
좌로 누워도 우로 누워도
또르르르, 또르르르 구른다
도무지 소화될 생각이 없나 보다

아홉 살 코코
사람으로 치면 중년의 남자
내 속맘을 알기라도 하는 듯
오늘 산책은 서둘러 끝내고
온몸을 내 등줄기에 바짝 붙여
낑낑대며 잠을 청한다

너도 맛있는 간식 사 주던
미라 누나 시집가는 게
서운하긴 서운한가 보다

사랑이여, 시여~

우리는 우리의 시대를
최선을 다해 살아내고 있다
굳이 죽을힘을 다한다고 얘기는 하지 않으련다

내 배와 너의 온몸이 약간은 떨어져
온기가 조금밖에 없을지언정
나는 너를 믿고
너는 나를 해할 수 없음에
안도한다

그래, 사랑이여~
나의 전부를 거는 사랑하는 시여
죽을 때까지 사랑할 시여
오늘은 너의 헛헛한 가슴에
내 전부를 쏟아붓고
그만 못 본 척 일어설래

문득 깨달은,

숨 가쁘게 달려온 일 년
바람 불고, 비 내리는 들판 지나
야생화로 산을 이룬 시간
진정으로 고맙습니다

사람을 파멸로 이끄는 건
한가한 시간이라는 사실
'사람 사는 게 이거다, 적어도 이렇게
살아야 한다'라고 가르쳐 주는
고마운 사람들이 곁에 있음을
확인하는 시간

그래서 많이 고맙습니다
살다 보니 나이 들고
아픈 건 어쩔 수 없지만
눈은 똑바로 떠야제

앞을 똑바로 바라볼 수 있는
적어도 내게 당당한 당신을
진심으로 경외해 보는
아름다운 시간

백천촌(白川村)

지금 내 모습을 보고 싶거든
백천촌(白川村)으로 가거라

2,702미터의 백산(白山)
비슷한 높이의 산들이 주변을 둘러싸고
달덩어리가 별무더기와 통째 풍덩 빠진 곳
사방이 숲으로 뒤덮여 있는
시간이 멈춘 듯한 날것의 마을 백천촌(白川村)
연 강수량 2,458미리, 강설량 평균 972센티

일고여덟 살즈음 아침, 사랑방 문을 열 때
밤새 내린 눈이 마루까지 쌓여 문이 열리지 않던 고향집
50여 년이 훌쩍 지난 오늘 타임머신 타고 돌아왔네

눈앞으로 훅 치고 들어오는
설국의 원시림
과거와 현재가 자연스레 겹치는
절정의 무수한 뿌리와 미세한 분말들
지역만 다를 뿐, 시간은 따로 흘러갔음이 분명하다
그 과거와 현재
비루한 현실과 별개로 버젓이 숨 쉬고 있는
또 다른 현실의 괴리에서 오는 혼돈

나는 과거로부터 이 자리에 와서
오늘 또 다른 과거의 미래로
돌아가고 있다

자립(自立)

기대지 마라
홀로 일어서거라
부정하고 싶지만
그럴 때가 되었다
그럴 나이가 됐다
혼자서도 잘 놀아야 할 때다
외로울 거 없다
외로울 시간이 어디 있더냐?

기대지 마라
나도 당신도 사실은 작은 우주다
별은 혼자서 빛나지, 기대서
빛나지 않는다
오롯이 혼자 힘으로
독야청청 일어설 것이다
비밀스러운 즐거움 가득 품고
진정 홀로 걸어가리라

깨달음

어디서든 배울 게 있지
인적 없는 들판에서든
홀로 남겨진 깊은 산속에서도
추운 새벽 사무실 계단에서도
늦은 밤 귀가하는 어두컴컴한 골목길에서도

내가 누구인지 누구의 후손인지는
어렴풋이 알 것 같기도 한데
누구의 조상이 될 것인지 알 수가 없네
그래도 희미하게 무엇으로 남을지는 알지
추우면 추울수록 바람이 불면 불수록 배울 게 있지
오묘한 세상 이치가 너무도 신비로워
나이 들수록 시간 갈수록
배울 게 도처에 널려 있네

문득, 하늘 쳐다보니
코허리, 가랑이 사이로 가시 돋친 눈(雪)
서슬 퍼런 눈이 아프게 뒤뚱뒤뚱 내리고 있다

결심

밤마다 잠들 수 없어
돌아보고 또 돌아봅니다
이렇게 사는 게 맞는지
이렇게 사는 게 옳은 건지
나는 언제까지 살 수 있는지
언제까지 출근할 수 있는지
스무 살 때 생각했던 안개 속의
뿌우연 미래가 40년이 지나도
확신이 서질 않습니다

오늘도 여전히 잠들 수 없어
휴대폰을 받쳐 들고
누워서 미래를 가늠하고 있습니다
팔이 아파 휴대폰이 얼굴에
떨어질 때쯤 억지로 잠을 청합니다
내가 누구인지 확신이 서지 않습니다
이런 내가 싫습니다
아주 많이 짜증 납니다

마침내 태워 버리기로 했습니다
스멀스멀 기어오르는 불안한 불신들
내 몸속에, 영혼까지 모두 꺼내서
혼자만 알고 있는 비장(秘藏)의 화력으로
재가 되도록 활활 태워 버리기로 했습니다

씁쓸한, 그러나

하나)
내 인생의 시계는 거침없이 흘러가는데
상식을 거스르는 자가 정신 차리고 사죄하러 오기를 기다리는 일은
참으로 어리석은 일이다

영하 15℃, 체감온도 영하 22℃를 넘나드는 시간
칼바람에 눈보라 몰아치는 빌딩 숲 네거리
이 겨울은 눈뜨고 버티기가 그리 녹록잖은데, 어이하랴
그래도 눈뜨고 눈(雪)을 봐야지, 눈 감고 기다릴 수 없는 일

詩 같잖은 잡설들이 들판을 어지럽히더라도 한 사람쯤은
제발 정신 줄 놓지 않고 눈보라를 헤쳐 나가야지
봄풀 푸르러 올 얼음장 건너
황량한 벌판 가로질러 달리며
사랑한다 사랑한다 소리치는, 그대여~

둘)
언젠가는 인간이 되겠지
언젠가는 뿔 달린 괴물에서
말끔하게 뿔 사그라지고
이마 반질반질한 인간이 되겠지
가슴이 결려도
속이 쓰려도, 천지가 울렁거려도
다 잊으련다

시커먼 구름 걷히고 꽝꽝 얼어붙었던 강
때 되면 어깨 들썩이며 다시 풀리겠지
그때쯤이면
찬찬하게 걸어가는 두 발 달린 사람이 되겠지
사람다운 사람이 되겠지

힘들게 오는 봄

아무도 없다 진눈깨비 흩날리는 일월 초순
빌딩 숲 언 땅 위에 나를 바라보는 이 아무도
없다 그저, 시기나 질투로 씰룩거리는 자 있어도
진정 위해 주는 이 없다 식구 외에는 관심도,
요구도 하는 자 없다
황당하게도 시건방지게, 덤비는 자 있다

모두 다 버려라
미련도 욕심도 사랑도
다 버려라
당신이 기다리는 세월
행여나 올지 모르는 손님
영하의 날씨가 풀려도 결코
오지 않을 것이다

기다리지 마라
햇살도 눈구름도 네가
서 있는 이 땅엔
더 이상 비추고 덮기를 기다리지 마라
걱정하지 마라 섣불리 네 어깨를
건드리지 않을 것이다
그래야 마음 편하다

금년 겨울은 더디게 더디게
조금씩 깨어나고 있다

갑갑한 시간

언제 어깨 들썩이며 통곡해 본 적 있던가
오늘은 가슴이 너무 답답해서
죽은 사람 이름 쓸 때 쓴다는 빨간 펜을 들었다가
새순 같은 초록 펜을 찾아내서 일기를 쓴다
여섯 개 신문에 매일 아침 확인하는 '오늘의 운세'
우습게도 굳이 일일이 적으면서 의지를 다졌건만
아무런 의미 없음을
부질없는 짓이었음을 머쓱해한다
하루에도 몇 번이나 삶과 죽음
옳음과 옳지 못함의 경계에서 갈등하다
하릴없이 현실의 땅으로 내려서곤 한다

간밤의 아련한 꿈
저승에 계신 아버지 어머니가
애타게 부르는 허기진 사랑가
돈만 좇는 짐승아
단 한 번이라도 진심에 눈물 흘려 본 적 있나
단 한 번이라도 진정한 사랑해 본 적 있나

아! 비겁하다 할지 모르지만
오늘은 인적 없는 산속에서나
천둥 치는 밤바다에서
목 놓아 꺼이꺼이 울고 싶다

이제 그만 털고 일어서자

거추장스러운 틀에 묶여 육십여 년 살아왔다
그 속박에서 이제 그만 벗어나서 자연으로 돌아가자
유년 시절 꿈꾸던 하늘을 뚫고 올라가는 용이 되고 싶다
삼천 년 전쯤으로 돌아가 불 뿜는 용으로 잉태하여
우주와 한 몸이 되어 여의주 물고 나는 용이 되고 싶다

세상사 모든 속박으로부터 벗어나서
불 속을 타오르는 용이 되자
끝없는 창해를 노래하고
이글거리는 태양을 향해 시위를 당기는
원시인으로 다시 태어나도 좋을 일
더 이상 괴로워할 수 없다
그럴 시간이 없다 이게 본래의 편안한 내 모습이 아니다

차라리 바닷물 넘실대는 벼랑 끝
푸르르 푸르르 날아오르는 시조새가 되고 싶다

나를 놓아주렵니다

어느 한순간 섬광처럼
눈썹 위로 콧등으로 쏟아져 내려온 빛
그는 혼자서도 참 잘 발광(發光)하고 있구나

돌이켜 보면 그리 아픈 데 없는데
나 혼자 너무 아파하며 사월을 보내고 있구나

이제는 힘들게 붙잡고 있던 밧줄 그만 놓으렵니다
그 밧줄이 내 허약한 자존심이었든
부질없는 삶을 지탱했던 밥줄이었든
눈감고 그만 놓으렵니다

그래도 될 것 같아요
그 숱한 이무기들과 수수깡들이
깡통 소리 내며 하늘에서 들판에서
쏟아져 내리고 돌아다녀도
밧줄 놓고 검은 숲에서 걸어 나오는
장한 그대를 맞아 주렵니다

오오! 이 한밤 영원히 잠들어 깨어나지 못할지라도
오늘은 그만 돌아서서 나를 놓아주렵니다
그만 용서하라고 조용히 말하겠습니다

정리(整理)

가만가만 책장을 들여다보니
시간 지나면 아쉬워할 책들이
참 많이도 꽂혀 있네
그저 꽂아두고 위안 삼아 왔을지도 모를 시간들이
불쑥 부끄러워지는구나

이 찬란한 봄날도 두서없이 지나고 나면
흰머리 몇 가닥 더 생기고
불쑥 날아든 지인 부고장 받아 들고
한 번쯤이라도 용기 내어 소통할걸 하면서 후회할지 모르지
적어도 살아 있는 동안은
변명이나 보태는 말 그만두고

내가 나를 위해 솔직하게 걸어가자
좀 귀찮더라도
불편한 이 맞닥뜨리지 않게 미리미리 확인도 하고
조율도 하고…. 동상이몽 딴생각하는
불량한 자, 안 보는 게 상책이지
사람다운 사람만 만나자
제 그물에 걸려 사리 분별 못하는 자
떨어지는 꽃을 보면서 꽃들이 죽는다고
얘기하는 신파조의 삼류는 만날 일 없다

속이 메슥거리고 머리가 지끈지끈한 주말을
굳이 맞닥뜨릴 이유 없다
누가 뭐라고 하든 시간은 덧없이 흐르고
예측은 하되 불시에 몸 균형이 무너짐을
어이하랴

모두 받아들이자 힘들어도 인정하고 받아들이자
갑자기 어두워져 비가 내려도 올 때가 돼서 오나 보다
인정하자
비가 아니라고, 이건 분명히 눈물이라고
확대 해석하지 말자
비는 그저 비일 뿐, 눈물은 결코 아니다

때 이른 유월에 핀 꽃의 안부

온 산이며 들판에
무더기로 피어나던 새순과
붉은 피 돌게 하던 꽃들
한바탕 축제처럼 휩쓸고 간 뒤
짙은 녹음만 성성한 숲

그 와중에, 아뿔싸 처연한 능소화
벌써 절반은 떨어진
어쩌면 너무 많이 입에 오르내려
조기 낙화한 인간의 말(言語)에
질린 꽃이여

피자마자, 삼 일을 채 견디지 못하고
떨어지는 석류꽃
바람난 몸처럼 뜨거운 꽃, 완전체가 되지 못하고
한바탕 쏟아진 소낙비에 짓이겨져 일그러진 꿈
골목 어귀 아스팔트 바닥에 나뒹구는
고향 우물가 울타리가 그립구나
서 있는 땅이 낯선, 못내 아쉬운 꽃

부디 아무 일도 없기를
제발 가만히 나를 건드리지 마라
그대가 살고 있을 그 어느 땅
그대도 그대의 식솔들도 안녕하길 바라는
이상 기후로 한여름 더위 된 유월 중순의
때 이른 숨 가쁨

그해, 연말

슬프다는 기분이 채 들기 전에
온몸을 덮쳐오는 바람 같은 거
아니, 분간 안 되는 어둠 속에서
나도 모르게 흘러내리는 눈물 같은 거
그도 저도 아니면 호기 부리며 뛰쳐나오는
차마 입 밖에 내지 못할 미친 자의 절규
절규라고 함부로 내뱉지 마라
유유상종 끼리끼리 낄낄거리며
쓸데없는 일에 핏대 세우고 있다

낯선 땅 시끄러운 술집에서 지 혼자 잘난 자와
아는 척 이해하는 척
립 서비스로 안녕을 묻는 쓸쓸함

아파하지 마라
그해는 끝내 아팠다고
기록을 남길 뿐이다

제4부

너는 내 문안에 들어오지 않는다

배신자

가끔씩 누가 보든 안 보든 글씨를 정자로 또박또박
정성 들여 나답게 쓰고 싶다 조금도 흐트러짐 없이
수직으로 사막 한가운데 외계인이 세운 거울 기둥처럼
서 있게 하고 싶은 게 진심일지 모른다

나는 똑바로 서 있는데, 겁 없이 덤비는 자 있으니
무지한 자 가시거리 밖으로 내칠 수밖에 없네
젊은 날 몸도 용기도 무쇠솥이었건만
지금은 유리병이라, 불행인지 다행인지
내 마음의 방이 비좁아서 무례한 자 앉힐 데가 없구나
순리대로 물 흐르듯이 물 위에 뜬 벌레 먹은 열매처럼
걷어낼 수밖에

배고팠던 유년이 그립다

그 지난했던 유년의 햇살
산골짜기 집집마다 떠돌던 허기진 영혼들
터덜터덜 기운 없이 걸었던 칠월의 뙤약볕
외로움은 사치야, 외로울 틈 없이 허기가 먼저 찾아왔지
미래도 희망도 낯설고 그저 빨리 감자를 삶아야겠다
밭에 자라는 저 푸른 상추는 배를 채울 수 없을 거야
깊은 산속에 숨어 있을 이북에서 넘어온 간첩도 이런 생각일까?
(어린 마음에 깊은 산속에는 간첩이 숨어 있을 거라 생각했다)
굶주린 그들은 망개와 개복숭아를 바지에 쓱쓱 문지르고
미친 듯이 먹겠지 빈속에 배가 뒤틀리고 신물이 올라오겠지
배 아픈 게 대수냐, 그래도 배 채우는 게 바쁜데…

숱한 세월이 흘렀는데도 똑같은 상황
똑같은 생각은 지워지질 않아
이게 뭘까?
도대체 이 환영 같은 상상은 무엇을 의미할까?

쓸쓸한 하오(下午)

세상은 음모와 계략으로 들끓고 있는데
혼자 지고지순 감성 타령이나 하고 있었던 게 분명하다
어처구니없이 시간에 쫓기면서, 외려 애완견에 사육당하면서

나는 나의 통증을 크게 확대하여 죽음과 맞세우고 있다
그 상상은 쉬이 주저앉을 기세가 없어 매일매일 조금씩 자라고 있다
문제라면 문제다 언제 한번 크게 웃은 적 있던가?
오늘 이 땅의 정치 지형이 이해되지 않듯이 나의 통증 또한
이해되지 않는다 가소로운 목 디스크와 걸걸한 목소리
상식을 짓뭉갠 잡놈들의 헛소리가 나를 거칠어지게 하고 있다
바람 부는 들판이 그립다 켜켜이 눈 쌓인 겨울 산이 보고 싶다

꽃은 피고 지는데
빗물에 씨방도 썩어 가는데
장마는 이미 끝나 가는데…
나는 강 하구에서 상류에서 떠내려온 잡다한 쓰레기나 보면서
그들의 쓸모없는 과거와 이루지 못할 꿈에 대해서 상상력을 다해
쓸데없이 분석하고 있는 중

간절한 시

너는 내 문안에 들어오지 않는다
눈을 감고 세상을 보려던 곳
꿈을 꾸던 위태로운 절벽 위
그 자리는 낯설다

경고하노라
절벽 위에 집을 짓고 사는 자여
집 아래 나무등걸이며 검은 물 흐르는 거 보이지 않을 게다
더더구나 허공 속 드나드는 산새며 동굴 속 박쥐 소리
들리지 않을 거다

다시 쏟아지는 잠과 환영 속에 일어나는 초상들
그러나 너무 걱정할 거 없다
너의 휴무일에도 갑자기 잠 속으로 빠져들진 않을
자신이 있으니까

아무리 몽환적으로 크고 깊은 의미 부여하려 해도
너의 목소리는
내리는 소낙비처럼 결코 직립이 아니다
종으로 횡으로 분간 없이 흔들리는 보통날의 그 흔한
좀스러운 비다
흘러내리는 비가 아니라, 그저 밋밋한 눈물이다
그래서 더 쓸쓸하고 답답하다

제발,
도저히,
하여,
그래서 나는…

나답게 죽고 싶을 뿐이다

우울한 시간

폭우 속 여름 나무는 무섭게 자라고
실수로 차에 떨어진 애벌레
트렁크 속에 숨어서 번데기가 되어
부화를 꿈꾼다

침침해진 눈만큼이나 상실한 자신감
차라리 홧김에 황토물로 천지를 뒤덮어 버렸음 좋겠다는
기다리자, 기다려야 한다 답답해도 끈기 있게 기다려야
뒤틀린 바퀴가 뻘밭을 빠져나오고 물가로 굴러갈 것이다
마침내 물을 만나 말갛게 진흙 씻어내고 경쾌한 소리 내며
앞으로 나아갈 것이다

아무리 생각해도 납득은 되지만, 용서 안 되는 일 있다
그건 너도 마찬가지일 것이다 언제부터인지 모르지만
나는 늙어 가고 있다 익어 간다는 말은 헛소리다
마지못해 갖다 붙인 미사여구에 불과하다
너는 제법 많이 아프고, 겨우 견딜 만큼 힘들어하고 있다
아닌 척하지만 골반이 삐걱대고 걸음걸이가 어둔하다

용서될 때까지
기분이 좋아질 때까지
어둠 속을 걷는다

기다리는 비

일기예보대로 내일은 비가 왔음 좋겠다
오늘 저녁부터 당겨서 서둘러 와도 괜찮겠다
호박넝쿨에 매달린 애호박이 금세 굵어지게 시원하게 내렸음 좋겠다
소낙비로 호박대궁이 끊어지지 않을 만큼 퍼부었음 고맙겠다
여름 내내 뜨겁던 열기 툭 떨어지게 차갑게 쏟아졌으면 좋겠다

함량 미달 삼류 정치꾼들의 정수리에 뜨겁게 쏟아져
지가 무슨 짓을 하고 있는지 왜 그렇게 살고 있는지
제발 한 번쯤이라도 반성하는 무서운 비가 왔음 좋겠다

어린 시절 불어난 강물에 아부지 등에 업혀 건너던
눈부신 개울까지 생각 못 하더라도
내일은 서늘한 비가, 소낙비가 하루 종일 왔음 좋겠다

연서(戀書)

1. 폭우가 쏟아질 때는 세상이 좀처럼 깨어나지 않을 것 같다
   숨죽인 채 엎드려, 절대 일어나지 않을 거 같다
   그래도 햇살은 다시 비출 것이고, 새들도 다시 날아오를 것이며
   결혼식장이나 장례식장에서도 끊임없이 예식은 진행될 것이다
   불가능하지만 박목월 선생이나 서정주 선생님께 시 공부를 다시
   정식으로 하고 싶고 서영수 선생을 만나 술 한잔 올리고 싶다
   다 부질없는 그리움, 돌아올 수 없는 시간들이지만
   글밭에서 다시 씨 뿌리고 넝쿨 올리고 싶다

2. 많이 어설프지만
   이것저것 못마땅한 거 더러 있지만
   아직은 버릴 수 없어요 결코 포기할 수 없어요
   그대가 남겨둔 흔적 시들지 않는 꽃대궁이 몇 가닥이
   시들지 않고 여전히 피어나는 폐업하지 않은 사무실

듣고 싶은 답이 아직은 너무 많아
아니라고 손사래 치지 말아요
적어도 오늘 저녁에는 내 식대로 한잔할 겁니다
웬만하면 멀리서라도 잔을 같이 들어주지 않으렵니까?
염천 한발에도
그대와 나 사이
죽은 듯이 시간은 지나가고 있습니다

아이들이 떠나던 날

작년 봄 누나 앞서 결혼한, 소신 뚜렷한 씩씩한 아들
오늘 새벽 제 색시 손잡고 포스닥과정 밟으러
국제선 출국장으로 들어갔다
아이들 뒷모습 바라보며
군에 입대하는 것도 아닌데 울컥 목젖 뜨거워
서울 방향 육중한 고가도로 쳐다본다

(나는 과연 애비 노릇을 잘하고 있는 걸까?
큰소리치며 애들 잘못을 골라 혼낼 자격이 있는 걸까?
정말 욕심 비우고 아이들 장래를 위해
최선을 다하고 있는 걸까?)

연이틀 달아 마신 술로 쓰린 속 움켜쥐고
공항로 거쳐 올림픽대로 달린다
갑자기 정신이 번쩍 든다
어처구니없이
허기가 몰려온다
간밤 꿈속에서 만난, 돌아가신 젊은 아부지
나를 안아주려고 오셨구나

아들아, 며늘아~
잘 살아내겠지만, 부디 건강하게 잘 마치고
돌아오너라 그동안
애비도 나쁜 습관 한 가지쯤 고치는 일
열심히 할 것을 약속하마

나에게 고하다

도심 속 8층 유리곽 안에서 듣는 빗소리는 특이하다
쉿소리가 나면 소나기가 오는 게 틀림없다
당연하지만 사방은 어두컴컴하다 한반도가 삼면이 바다이듯이
이 방은 삼면이 허공에 뜬 하늘이다
발악하듯 살아내는 무지렁이들이나 고고한 척 깃 올린
잡놈들이나 비에 젖기는 매한가지다 특히 쉿소리 내는 빗줄기
사이에선 다를 바 없다

꿈에서 깨어나라
네가 서 있는 곳은 허상에 사로잡힌 허공에 불과하다
눈을 뜨고 세상을 보아라 남은 시간 그리 많지 않다
구차하게 손 내밀지 마라 너는 이미 승자다

사십 년 전 나로 돌아와 정면으로 나를 보아라
거기 해맑은 푸른 청년이 서 있다
배는 좀 고프지만 당당한 젊은이가 서 있다
다시 출발하자 어차피 내 인생은 왕자처럼 귀한
자리였음을 이제야 깨달았느냐?
늦었지만, 늦지 않았다
꿈에서 깨어나라, 부디 꿈에서 깨어나 침묵하며 걸어라
호랑이 걸음으로 천상의 소리 들으며 앞으로 나아가라

무섭게 자라는 여름 나무

저 밋밋한 땅속에 분명 무시무시한 힘줄이 숨어 있다
불 뿜는 용 한 마리가 웅크리고 앉아 있음이 틀림없다
저렇게 무성하게 뻗어 나오는 나뭇가지를 보라
스무 살 청년의 팔뚝처럼 솟아오르는 대궁이를 보라
도심 속 가로변에 있는 개가죽나무 순, 온종일 매연 맡으며
수없이 쓸려도 아픈 기색 하나 없이 푸르게 검푸르게
손 내밀고 있다

소낙비 내리는 이 땅은 경계가 없다
물 위에 뜬 것처럼 사방이 뻥 뚫린 도심의 사막에 서 있다
들새 한 마리 날지 않고 날짐승 울음소리도 들리지 않는다
그저 고요 속에 뜨거운 소낙비 모래 알갱이 때리는 소리만
환청처럼 들려온다 나는 살아 있기나 한 건가?

아픈 건 분명한 거 같다 AI시대에 아날로그 방식으로
뚜, 뚜우 가슴을 파고드는 몇 개의 음절
사랑, 세월, 이별, 그리움…
폭염 속에 묻혀 소낙비 맞으며
어쭙잖게도 여름 나무 무섭게 자란다

너보다 너의 시를 경외하는

그의 나라 그의 세계에는 무서운 외로움과
헤어날 수 없는 싸움꾼, 통증들로 가득 차 있다
결코 잘못된 일은 없다 이 땅과 저 땅 사이의
세계가 다를 뿐이다 너와 나는 태생(胎生)이 완전히 다르고
걸친 옷들의 질감이나 냄새가 원초부터 다를 뿐이었다

너의 성(城)안에서
다행으로 내가 우려했던 사달은 나지 않았고
그럴 이유가
정말 그럴 만한 까닭이 전혀 없었다
그래도 한 수 위임을 인정한다
평생 동안 키워온 문창과(文創科)의 뿌리
창백한 정신병동에서 새어 나오는
신음이 저릿저릿한 울림
너의 고귀하고 고매한 시를 경외한다

보고 싶은 그 소년

서라벌 하늘에 뜨는 창백한 달
허기진 달에는 박목월의 푸른 하늘과 비움의 바람만 불었다
천 년 전의 슬기로운 조상의 말씀은 이른 아침부터
이슥한 밤이 되도록 그렁그렁 계림 숲에서 온종일 들려왔다

양어깨며 가슴을 짓누르는, 큰 뜻을 품은 사람이 되거라
말 탄 장군처럼 되거라 거룩하신 하늘님의 말씀 잘 키워 나가는데
눈 뜨면 안개처럼 스며드는 불끈불끈 가눔 안 되는 청춘의 끓는 피
망했어 뜨거운 피 때문에 다 망했어 그날 국어 시간에
몽둥이로 엉덩이를 내리치던 그 선생님은 지금 뭐 하시나
바람결에 들려오는 아이쿠 뜬금없이 목사님이 되셨다고?

보고 싶구나 정말 한 번쯤이라도 제대로 손잡아 주는 이 있었더라면
남천에서 돌개바람처럼 용 났을 텐데 안타깝구나, 많이 아프구나
어린 소년이여 하늘 훨훨 나는 서라벌의 용이 될 뻔한 총명한
눈망울 초롱초롱한 신동이여~

중심 잡기

꼭 눈보라 휘몰아치고 배곯아 거친 들판을
걸어가야만 진실한 사람인가
기름 뒤집어쓴 검은 괭이갈매기가 쏟아내는 토악질마냥
참담한 체험해야 위선을 구분할 텐가
다시는 돌아가지 않으련다 성긴 기름때와 아집이 활개 치는
상식이 통하지 않는 땅으로는
내가 판단하고, 스스로 희망의 불씨를 지피며 서 있는 땅이
평화의 바다요, 행복의 땅임을 힘겹게 확인하는 시간

아서라
눈 감지 않고 뜨고 보면 훤하게 다 보이는 일
한 치 앞도 어제 일도 기억하기 싫어하는 못난 습성으로
너는 곧 네가 던져 놓은 그물에 걸려
한여름 뽑아둔 잡초처럼 말라갈 것이다

부디 버벅대지 마라
골반 근육 함부로 비틀지 마라
힘의 균형은 내가 지배한다
중심은 문밖의 사람이 아닌 내가 세워야 한다

분금자학

삼세판이라고….
이럴 때 써도 되는 건가?
네가 머리를 숙이고 진정성을 보여야
내가 동하지 적어도 세 번은 고개를 숙여야
너의 솔직함이나 절박함을 알제
그도 저도 아니면 내가, 잘난 내가 너를 이해하지 못하지
아니, 용서할 수 없지
적어도 거문고를 부숴서 불 지르고 학을 잡아
삶지는 않지
그래서 너의 상처와 나의 영혼이 교접한다면
최소한 예를 갖추는 게지

지독하게도 외로움을 타는 남자
사랑을 가장했으나, 허황된 그물에 빠져 허둥대는 자
호방한 척하나 실은 겁 많은 놈
소주 두 병이면 이성을 잃는 허약한 남자
이것저것 욕심만 내다가 실속을 챙기지 못하는 자
까놓고 보면 아무것도 내세울 것 없는 맹물
갑자기 떨어진 기온에 불알까지 쪼그라든 자

뜬금없이, 분금자학
학고기 굽는 냄새가 도처에 진동하는

시집

출생… 세월… 만남… 인연… 다시, 시간… 역사,
강아지 콧김 소리, 얼음 어는 소리….
사람 사람 사람, 사랑 사랑 사랑….
내가 살아온 시간, 내가 사랑해 온 사람, 딸….

금쪽같은 꼬맹이가 시집을 간다네
벼락처럼, 천둥처럼 내 품을 떠난단다

정말 떠나는 건가? 잠시 떠나는 거겠지
출발이 곧, 돌아옴을 의미하는 거 맞지?
시집간다는 게 그간 못다 한 아빠와의 소통을
더 많이 한다는 말과 같은 뜻 맞지?

그 말이 그 말인 거 맞지?

동의

나, 오늘 당신이 제법 많이 보고 싶어
당신의 불쌍한 영혼이 보고 싶어
얼굴이 아니라, 님의 폐부 깊숙이
박힌 슬픔을 확인하고 싶어
그런데, 당신은 이 땅에 없어
단아한 땅 저승 어디메쯤 있을 거라 생각해

980여 년 전, 황주로 유배 간 소동파
그에게 유배는
더 이상 벗어나야만 하는 족쇄가 아니었듯이
내게도 당신은 더 이상 족쇄가 아니야

그러기로 해
이제는 사족 없이
깔끔하게
'동의'하기로 해

상식 밖의 노란 꽃

쓸쓸한 봄
아무런 흥이 나지 않는 봄
애써 태연한 척, 허튼수작이나 걸어보고 싶은 봄

분명한 경계선이거나 꼭짓점 같은 건 없어
그저 허탈할 뿐이지 허전하고 허탈해서 허공을
빈손으로 휘젓고 있을 즈음일지도 몰라

아마 이파리보다 꽃이 먼저였을 거야
적어도 의리가 있다면
최소한의 신뢰가 있다면
아무도 들여다보지 않았지만
분명히 꽃이 먼저
박토를 밀고 올라왔을 거야

이름 없는 쓸쓸한 바위
참을 수 없는 바람 외로이 혼자 스쳐 지나고
등산객 왁자지껄해도 쓸 만한 말 하나 없어

아무리 생각해도
꽃이 먼저 밀고 올라왔을 거야
당신이 아는 상식 밖의 노란 꽃

춘래불사춘(春來不似春)

여기가 어디지?
지금은 역사의 어느 계곡인가?
눈은 뜨고 있는 게 분명한 거 같은데 소리가 들리지 않아
뿌우연 황사 바람 마스크, 마스크의 행렬
어디부터 몸과 마음을 써야 할지 모르겠어

먼저, 손톱부터 깎을까?
오랜만에 돌방석에 앉아 칼면도를 해볼까?

대부분의 정치꾼, 당신들 하는 짓거리
이제 진절머리가 난다
국민 알기를 아주 우습게 아는 자들…
쓰레기들 탓에 가정 경제와 목숨까지
위협받고 있는 시간
TV만 켜면 나오는 혐오스러운 위선과 헛소리들…
그들 보며 하루 종일 떠들어대는 시사평론가라는
더 모자라는 꼴불견들

그렇게들 막살면 부끄럽지 않은가?

탱자 덤불 속은 가시가 많아
봉황이 깃들 곳이 못 된다?
그저 갑남을녀일지라도
이를 어쩌랴,
여기 이 땅에서 숨 쉬고
언젠가 묻혀야 하거늘

참회

늦은 밤 달리는 고속 열차
저 어둠 속에서 꺼지지 않고
전해오는 불빛들
아스라이 떠오르는 심연의 고독

용서해 주세요
제가 많이 잘못했습니다
내가 정한 상식은 상식이 아니었습니다
그저 발버둥 치는 아집이었어요
세상을 너무 한쪽 귀퉁이만 보고 판단했어요
세상을 그저 거울 속에서만 보고 믿어 왔어요

나는 그저 보통 이하의
소시민이었어요
불행히도, 잘난 줄 크게 착각했어요

이제는
침묵하겠습니다
정말 목소리 낮추도록 애써 볼게요
어둠 속에서 자라는 아픔도
모두 안고 가겠습니다

작은 성찰(省察)

어릴 적 고향 뒷산 흙이나
서울집 뒷산 흙이나 외로운 건 마찬가지
그때 산비둘기가 좀 더 날랬을 뿐이지
구구대다가 죽는 건 마찬가지

오십 년 전 봄이나 곧 돌아올 봄이나
허기지기로는 매한가지
그저 오늘은 천진난만했던 어린아이가
낯선 중늙은이 되어 우울해할 뿐
청춘이여 아쉬워 마라
늙어 죽지 않는 이 없음이 진리여서
외로울 거 없다 슬퍼하거나
고통스러울 일 더더욱 없다
그저 세월은 물처럼 흘러갈 뿐이다

그러나, 青年이여!

나는 나의 푸르른 정신의 대지를
눈 시리게 그리워한다
목숨처럼 사랑한다
미당 선생이 스물세 살에 독백한
"…어떤 이는 내 눈에서 죄인을 읽고,
어떤 이는 내 입에서 천치를 읽고 가나
나는 아무것도 뉘우치진 않을란다"

그러나 나는 투명한 거울 보며
'불편한 진실에 대해서는 정직하게 뉘우칠란다'

비록 이순(耳順)이 지난 시간이지만
나는 나의 푸르른 숲속
창연한 빛 쏟아지던 청춘을 사랑한다
비록 잠 못 이루는 잠의 수렁에 빠져
힘든 고통이 밀려와도
푸르른 정맥과 붉은 피로 분연히 일어설 것이다

아직은 죽지 않는 청년의 꿈이여, 사랑이여

때로는 사람보다 나은…

너의 온 등을 던져 사랑과 살아있음을 표한다
빤히 올려다보면서 이 길을 갈까요, 저 길을 갈까요?
눈빛으로 묻는다
한마디 말도 못 하지만 아이 칭얼대듯 옹알이하고
땅바닥에 네발 버팅기며 네 주장을 관철시킨다

아무리 추워도 내가 걸쳐주는 한 꺼풀의 외출복이나
아무리 더워도 그저 맨몸으로 한여름을 살아낸다
자다가 슬그머니 얹어주는 내 손바닥의 온기에
너의 온몸 전부를 기댄다

쓸쓸한 저녁

고향이 많이도 변했구나
어떤 유명세 치른 식당 마당에서
한 시간을 서 있어 보니
웬 낯선 이들만 조선시대 대감처럼
건들건들 들어오는구나
격세지감, 만감이 교차하는 쓸쓸함

아는 이 하나 없는 낯선 이방인들이
서울에서나 봄직한 볼륨 강조한 옷에다
자연 멋을 살린 흰머리
바람난 치마
수줍은 듯 슬쩍슬쩍 바람결에 들었다, 났다
애써 당당한 척하는
내 눈에는 훤히 보이지 이 사람들아

턱도 없는 세월아,
치사한 가식에 어이없는 위선 덩어리에
대기하고 있는 불쌍하기만 한
비서님들아, 기사님들아…

귀신들은 뭐 하노, 저런 불한당 잡아가지 않고…

어떤 독백

풀잎은 해마다 새로 나오지만
사람은 가고 나면 오지 않잖아요
특별할 게 없는데
뭘 바라고 죽자 살자 매달리겠어요

그럴 필요 없잖아요
그럴 만한 시간도 없잖아요
이 나라 정치도 경제도

그럴 일 없지만
그럴 수 없나요

나도
해마다 풀잎처럼
새로 났으면 좋겠어요

핏발 선 유월

결코 돌아오지 않을 것 같던
새로운 유월도 오고
도대체 줄어들지 않을 것 같던
약통도 비어간다

지금은
핏발선 유월의 등허리를
오르고 있음이 분명하다
가뭇한 지평선과 눈 시린 수평선을
이마 위에 걸치고
쓰린 속과 아픈 허리 움켜쥐고
녹음 짙은 유월을 견뎌내고 있다

눈이 내리지 않아도
차가운 바람이 불지 않아도
살얼음판을 걷는 기분

고개 숙인 자들과 낯가린 자들을
굳이 만나려 들지 마라
사람은 다 비슷한 동물이 아니다
그렇게 사람 구분을 못 하면
파란 신호등일 때, 횡단보도를 건너지 못하지

오뉴월에 내린 서리라고 했던가
블랙 먼데이 주식 상황판에 시퍼런 파도가 출렁이고
오가는 행인들은 죄다 낯설은 이방인

얼마나 더 힘들어야 병이 깊어지고
얼마나 더 곪아야 청천벽력이 떨어지는가?

빗소리

보글보글 찌개 끓는 소리
사각사각 풀벌레 잎사귀 갉아대는 소리
또르르 톡 구슬 떨어지는 소리
시조새 배앓이 소리

이승 어디메쯤 마지막 작별 인사 같은
끝내 동의할 수 없는 눈물 같은
할 말은 많아도 참아야 하는 푸른 늪지대

아직은 한밤중, 엄동설한

사방이 캄캄하지만 봄 오는 소리
새악시 치마 소리
시조새 배앓이 소리

쓸쓸한 신년식

술이 무르익으면 우리는 조금씩 달뜨고….
비 오는 길거리를 지나 몇 년 만에 노래방으로 간다
실눈을 뜨고, 한두 놈은 똑바로 눈을 뜨고 거품을 문다
곧 환갑이니, 환갑 여행이라도 가잔다

풋, 나는 호적상 만 57세라고 우기면서
옛날 노래 애써 찾으려 노래책 뒤적거리다
그저 흐물흐물 젖어 운다

그래, 그래 당신… 훌륭했어…. 잘, 잘… 살아왔어
그래, 이쯤이면 됐어…

녹색 신호탄 2

책상 유리판 밑의 엽서
일본 여행 중 부쳐 온 아들의 소식

'······
평소
잘 하지 못하는 말
······
아부지 사랑해요
······'

파아란
물속에 떠 있는
거북이는
무엇을 생각하고 있을까?

돌아보지 말고 걸어라

햇살 작열하는
실개천에 검은 잠자리 한가로이 날고
심심하던 송아지 고삐 풀고
어디론가 달음박질한다
돌아보지 마라 송아지야!

돌아보지 마라
그때나 지금도 성한 데 별로 없는 삶
배만 부르면 무엇하리
허둥허둥 두서없이 견뎌온 세월
마음이 편해야지

그래도 돌아보지 마라
그래도 된다
숲이 더 푸르게 우거지면
못 보던 짐승 찾아오고
새들도 날아들 것이다

외로워하지 마라
외롭다고 생각 들면 그저 걸어라
새는 길이 없어도 난다
길이 없으면 스스로 길이 되어 난다

부왕동암문(扶王洞暗門) 근처에서

스스로
빗장을 걸어 문을 잠그고
오가지 못함을 알렸다

북한산 해발 459미터
위로 가면 산영루
내려가면 부왕동암문
그를 만나러 왔는데 지나쳤구나

야무지게 산다고 생각했는데
돌아보니
허둥허둥 두서없이 걸어왔네
잠근 것도 아니고
연 것도 아니고
그저 지나쳤을 뿐이다

불현듯!
장마 끝에 생긴 물길 가
튼튼하게 서 있는
눈부신 천남성 한 포기

제5부

싱싱한 결기들

눈부신 봄꿈

잘 견뎌 주어서
잘 견디고 있어
고맙구나
나무는 나무대로
풀씨는 땅속에서

지금은
꽃보다 예쁜
꿈꾸는 씨앗들
견디고 있는 중
…

눈부신 봄꿈

그림자에서 벗어나니 빛이 없었다

태풍을 동반한 소낙비
밤새 퍼붓고 난 새벽녘

비에 젖어
바람의 숲에 흠뻑 빠져
아마 이승과 저승
그 중간쯤일 테지

역사 속으로
바이킹의 라그나 되어
깊이깊이
잦아들었다

소낙비 그칠 즈음
마침내 한 마리 시조새 되어
바람처럼 천둥처럼
몸을 던졌다
아뿔싸!
그림자에서 벗어나니
거긴 빛이 없었다

꿈과 현실의 경계쯤
그리 놀라지 않고
담담하게
죽음을 생각한다

아지랑이

이 평온이
조용함이
지고지순한 시간들이

적막한 산하가
새봄의 새싹과
생명의 경건함을

처음으로
눈 감고
가만가만
꿈결 같은 님이
키우고 있다

인내

통나무를 팬다
깨지면서 터져 나오는
장작 속 빛나는 섬유질
싱싱한 결기들

돌아서면
으스러지는 나무의 근육
튀어 오르는 삶의 아우성
도끼날의 절규

다시 깨어나
적막한 신새벽
어금니 물고
속울음 잠재우는
끝내 참을 수밖에 없는
평온의 반란이여

극복(克服)

저 무뚝뚝한 나무의 몸속에
얼마나 많은 꽃이 숨어 있나
얼마나 많은 푸른 잎을 품고 있나

차라리
꽃이나 피우지 말지

차라리
봄이 오지 말고
영하의 날이 계속되지
꽃도 지키지 못하는
섬약한 마음이거든

차라리
목숨 분간 안 되는
나무로 그냥 지내지

소낙비

어깻죽지 흔들며 가자고 한다
천지가 고요한데
너 뭐 하느냐고 소리친다
몸에 열만 많은 나는
아무리 생각해도 너의 정체를 이해할 수 없다
그저, 온전하게 너에게 묻힐 뿐이다

수령하지 못한 등기 우편

세상에 죄짓고는 못 사는 기라
(열흘 전쯤 새벽잠이 덜 깬 채로 대문 앞 내리막길에서 후진하다가
좁은 골목길에 불법 주차해 놓은 구형 외제차 앞부분을 스쳤다
힐끗 훑어보니 흠집도 보이지 않아서 에라 모르겠다,
그냥 출근했다)

마포경찰서에서 배달되었다가, 되돌아갔다는 등기 우편 안내문
등기라, 등기… 그냥 보통 우편물도 아니고,
덜컥 내려앉은 가슴

너무 많이 아는 것도 탈이라
현직에 있는 경찰 친구에게 물어보니
'등기로 보낸다는 것은 피의자 신분이나, 출두명령서…' 운운

얄미운 놈 한마디 덧붙인 말
"너, 오늘 잠 다 잤다"

밤새 뒤척이다, 꿈인지 생시인지
꿈속에서까지 수천 길 나락으로 떨어지는 아찔한 꿈
(단언컨대, 철든 이후 남에게 폐 끼친 적 없고 죄지은 적 없는 터라
결벽증 같은 게 있다)

문 열자마자 달려간 서대문 우체국
어허 어허, 어라 이게 뭐야?
42xx, 속도위반 범칙금 통지문
아들 녀석이 몰고 다니는 내 명의의 쏘렌토

'돌아오라 쏘렌토로!'
노랫말이 하늘에서 들려오고
밤새 놀란 가슴 쓸어내리며
초가을 햇살 쏟아지는 사직(司直) 터널

이 나라의 사직(社稷)을 생각하며
과속으로 빠져나온다

봄비와 새순

포로롱 포로롱
봄비 나린다
내가 태어난 고향집 뒤양간에
더덕 순 모란 움 올라왔을까?
백년 다 된 엄나무
올봄에도 움 틔웠을까?

그것 참 신기하지
십여 년 전 서울 집 마당 한 켠에
엄나무 싹 올라와서
참하게 자라고 있어
천상에서 아부지 음성 잔잔하게 들리네

곰곰이 생각해 보니
시골집 뒤양간에서 퍼온
흙더미에서
백 년 가까운 엄나무 씨앗
숨어 있었나 보네

몇 해 전 시조새 배앓이하던 빗소리
오늘 아침에는
포로롱 포로롱
파랑새 품속에서 지저귀는
예쁘고 귀여운 소리로 변했네

꿈

사방 천지 암흑으로 변하고
자동차 불빛도 죽었다
사거리 구분 안 되고
길은 먹통이다

옆구리에 붙어 있는
탐정 소년과 동명인 막내 코난은
말을 하는 개가 되었다
오! 이건, 필시 꿈이다
꿈이 틀림없다

꿈속에서 꿈을 꾸는
무섭고도 외로운 시간
잊을 뻔했다
「상어는 헤엄치는 걸 멈추지 않는다」는 사실을
「비록 숨이 찰지라도
계속 앞으로 나아갈 수밖에 없음」을

그러나 나는 서서히 죽어간다

운명인가?
동시에 터져 나오는
사이렌 소리
침입, 침입!
당황하지 마십시오
침입입니다!

일곱 친구들과 1박 2일 여행

결코 가볍지 않게
절대 무겁지 않게 그들을 만나고 싶었다
출발부터 다짐은 보기 좋게 허물어졌다
천성은 속일 수 없는지라
굳이 아닌 척 내숭 떨 생각은 아예 없었다

상황에 따라 태도를 바꾸는 자
원래 품성이 착한 자
많이 있는 척, 아는 척하고 싶은 자
예측했지만 여덟의 생각은 각각이다
나이 들수록 고집은 더 세지고
자기주장은 더 단단해져 있음을 확인한 시간

그래도 마냥 즐겁다
적어도 말을 가려 할 필요가 없고
눈치 볼 필요도 없고
뒷담화를 걱정할 필요도 없다
약간의 배려와 존중
최소한의 기본 매너만 있으면 될 일

웬만한 말과 행동은 이해가 되는 시간
용서가 되는 시간
쓰리고에 피박을 씌워도
노상온천에서 옹색한 통아저씨가 되어도
허허 허허 웃는 시간

얼굴

사람들은 자기 얼굴을 잘 모른다
매일 거울 보면서 다 아는 것처럼 생각하지만
자기 얼굴이 어떻게 생겼는지 잘 모른다
어떻게 비쳐지는지 본인만 모른다
어떻게 변해 가는지는 더더욱 모르고 살고 있다
다 알고 있다고 착각하는데
정말 아는 게 없다 특히 중년의 나이부터는

제대로 보이는 반듯한 거울 하나 없을까?

회한

눈 시리게 눈 덮인 들판에
가랑잎처럼 눈보라처럼 아련하게
파닥이며 튀어 오르는 새 떼들
하나둘 셀 틈도 없이 확 덮쳐오는
너울이여, 형언할 수 없는 날개들이여

한바탕 누추한 바람이 불고
돌아서서 곧추서서 보면 음험한 그늘에서
불장난이나 한 부끄러운 세월들
옳고 그름도
참된 삶의 향기도 구분 못 하고
아까운 세월 다 허비했구나

퍼뜩 정신 차리고 보니
발바닥을 뜨겁게 하던
정체 모를 기계는 때맞춰
휴식 모드로 들어간다
2022년은 제대로 정리되지 않은 채
저물어간다

부활초 닮은 시인

우즈베키스탄 타슈켄트에서
일곱 시간 만에 날아온 너는
오백 밀리리터 보드카에 전부를 담았다
1년 반 만의 영하의 날씨에 벌써 익숙해졌나?
너의 안구는 러시안 눈동자처럼 번들거린다

어처구니없다고 해야 할까?
세월과 역사를 초월하거나 무시하는
너의 삶에 대한 태도
사십여 년 전쯤 짧은 인연의
동병상련 문학 소년의 꿈

둘만 남은 식당 구석 자리에서
대낮부터 삼겹살에 소주로
흥건하게 달궈진
나의 업보여, 부정할 수 없는 의협심

식당 나무 계단을 내려서며
10년이 흘러도
비를 맞으면 되살아난다는
부활초를 생각한다

화(火) 나는 세상

가끔 내가 누구인지
지금 어디에 서 있는지 모를 때가 있다
경쾌한 음악은 들리는데
TV에선 팔씨름 대회가 한창 진행 중인데
여기가 어디야?
나는 누구지?
오늘은 며칠이지?

무슨 요일?
내가 하는 일이 뭐지?
누구의 가족이고 어디에 떠 있나?

지구는 그대로인데
사람이 바뀌고
짐승이 두 발로 걸으니
땅 위를 걷는 자가
슬슬 미쳐 가고 있다
정상인 자보다 비정상인 자들이
더 설쳐대고 있다

잘 익어 가고 있다

여태껏 청년이었고
아직도 청년이다
그대여!

햇살이 나면
비에 젖은 땅은 마를 것이고
시간이 흐르면
몸은 쇠락해지겠지만
영혼은 더 맑아질 것이다

서러워 마라
분하다 마라
강 건너서 지켜보는 이 말하기를
당신은 잘 익어 가고 있단다

열아홉 살 검푸른 바다가 보고 싶다

불현듯 검푸른 바다가 보고 싶다
허기진 바다 차라리 지칠 대로 지쳐
널브러진
핼쑥해진 얼굴이 보고 싶다

투명하게 부풀어 오르는
더러는 헛구역질이 올라오는
눈물의 바다가 보고 싶다
열아홉 푸른 목숨이 혼란스럽던 밤
굵은 마 줄기 같은 순이 파도 위를 뚫고
불쑥 솟아오를 거 같던 환청
동해 검푸른 식욕의 바다가 보고 싶다

뿌우연 안개로 앞날이 보이지 않던 시간
몸부림치던 순수는 다 어디로 갔는가?
널브러진 음모와 돈 냄새로 퀴퀴한
빌딩 숲은 싫다

오늘은 이것저것 잴 거 없이
열아홉 살 검푸른 바다로 달려가
풍덩 너의 원시 속으로
침몰하고 싶다

인내 5

고개 숙이고
소금밭을 걸어갑니다
짜디짠 소금밭에 내가 뿌린 흔적들
잡놈들이 쳐놓은 그물들
부여잡고 걸어갑니다
말없이 걸어갑니다

실은 가슴속 흙탕물로 엉망인데
울고 싶은데 울지 못하고
웃고 있습니다
참 어처구니없는 칠월
무지한 인간들 부정하면서
폭염 속으로 걸어갑니다

유년의 여름

분명 손에 잡힐 것 같은데
입안에서 뱅뱅 도는데
파르르 떨려오는데

산과 산 사이
넓어졌다 좁아지는 강바닥
미꾸라지, 버들치, 텅수*
낯익은 유년의 고기들은
지금 다 어디로 갔나

허기진 여름
하루에 여섯 번 오는 버스
발가벗고 목욕하다
큰 바위 뒤에 숨어
저 버스에 누가 탔나
누가 나를 보고 있나

새파래진 입술
달궈진 바위에 엎드려 한숨 자고 나면
아프던 배도 따뜻해져
몰래 했던 밀사리, 감자구이
절로 소화되지

*텅수 : 퉁가리.

익숙하지 않은 밤

수술에서 깨어나
고통스러워하는 아내를 두고
말 못 하는 짐승들 만나러 집으로 왔다
네 마리나 되는
더러는 사람보다 나은 코씨 가족
늦은 시각
너희들과 어두컴컴한 뒷산을 오르는 일은
생각보다 훨씬
아늑하고 담담하다

시속 육십 킬로로 달리는 인생 열차
헐어 놓은 구월은 아슬아슬하게
악성 종양을 피해 시월을 향해 달리고 있다
올해도 이렇게
쫓기듯 마무리할 것인가?

냉장고를 열어 보니
뜨겁던 지난여름에 원주서 보내온 옥수수
껍질이 푸르뎅뎅 언 채
곰팡이가 얼룩덜룩
썩지 못해 죽음의 꽃을 피우고 있구나
당신 없는 오늘
거름 되어 가는 수염 뜯어 한곳에 모아 두고
물렁물렁해진 옥수수
이층 베란다에 병정처럼 열 지어 늘어놓는다

식은 밥과 곰피 한 다발로
한 끼 때우고
아무도 없는 텅 빈 집
캄캄한 거실에 홀로 누워
말똥말똥 천장만 쳐다보고 있네

2024년 3월

왼쪽으로 걸어도 오른쪽이라 우기고
오른쪽으로 걸어도 길이 아니라고 우긴다
허허 참, 이 사람아!
분명한 건 말 못 하는 강아지도 사람을
구분할 줄 안다는 사실
제발 좀 알았으면 좋겠구나

특별한 인연도 아닌데 어쩌다
매 주말마다 결혼식
천둥벌거숭이 같은 자들이 자식 혼례로
근엄한 혼주로 어른이 되어 다시 태어난다

눈 감고 있어도 새싹은 비집고 올라오고
매가지 잘라놓은 마당 구석 엄나무
봉우리 피울 새순 없어
끙끙 신음하며 삼월을 밀어내고 있음이 틀림없다

비루한 과오들이여
결혼식 주례도, 간통죄도 없어진 땅
양심도 정책도 없이 그저 당선만을 위해
목줄 걸고 싸우는 정치 쓰레기들
지긋지긋한 아우성들이여

잠 못 이루는 야심한 밤
불쑥 핸드폰 불빛 사이로 날아든 초파리
아니, 벌써 여름벌레가 출몰했나?

사는 일

삶은
너무 거대하고
밝았다가 서둘러 어두워지는
한 줄기 동굴 속의 빛
가시덩굴과 무성한 잡초
우거진 원시림
도무지 알 수 없는
1월 차가운 숲 같은 거
더더구나
아무도 기다리지 않는
쓸쓸한 시골 정류장

그러나
다시 일어서서 걸어가야 하는 일

가시

손가락에 박혀
며칠을 속 썩이던 썩은 가시
마침내 뽑았다

피와 고름 사이
죽어도 죽지 않았던 썩은 가시

목숨 다한 생애
이승에 못다 한 미련이 남았던 걸까?

그 작은 일로
환하게 밝아오는 아침

초여름 바람 소리

눈을 감고 바람 소리 듣습니다
바람 소리 안에서 이는
시간 흐르는 소리 듣습니다
아무도 기다려 주는 이 없겠지요
깊은 산사에서도 적막한 들판에서도
누구도 찾지 않는 쓸쓸한 무덤에서도
마냥 외롭지만은 않은 그대 음성
약간은 낯선 바람 소리 듣습니다

잎사귀 아래 꽃은
잠시 숨을 수 있지만
하루 이틀이면
바람 따라 일어서지요
지난겨울
숱하게 흩날리던 눈발
꿈속에서 바람과 함께 일어나
오늘 새벽
소금 기둥 사이로 걸어가고 있습니다

스크린 속에 떠 있는 당신

물속에 떠 있는 괴물 같은 저 고기의 정체는 뭘까?
망치상어? 망치고래? 물결 속으로 스며드는 음파
빛의 파장 흩어지며 포기하지 않는 그물과 그물 사이의 생
버리지 마라 후회하지 마라 당신의 그 쓸데없는 자존감

내 그럴 줄 알았어 이 단톡방에 들락거리는 이들은 지나치게
이기심이 많거나 옹졸한 인간들뿐이란 걸
진작에 알고 있었어 그나마 때늦은 오후에
가장 많이 부족해 보이는 니가 제일 먼저
열어 놓은 문에 슬그머니 발 들여 놓는
좀생이들이 전부라는 사실

아마 그럴 거야 내가 너의 이름이나 속을 잘 모르듯이 물속에
떠 있는 고기가 나를 알아볼 수 없듯이

놀라운 시인

그의 시집을 받아 들고 나도 모르게 살짝
긴장했을지도 모른다
굳이 정확하게 표현하자면 폭염 속 땀방울
귓등으로 떨어지는 서늘함
칼날에 베인 섬뜩한 아쉬움…
쉰일곱 편을 숨도 제대로 쉬지 않고 공중 부양으로 나아간다
단 한 편의 소설을 장과 행간 구분 없이 펼쳐 놓은 듯한

나도 나만의 성안에 갇혀 씨앗을 뿌리고 있지만
중독될 만한 그의 독특한 묘사에 오! 피 흘리지 않고
여섯 번째 시집 중 다섯 번째는 뛰어넘은 채 그의 세상에서
벗어났다 참 다행으로 상처 없이 폭염을 걸어 나온다
단 한 번의 짧은 수면 속으로 빠진 일 외에는

평상 수리

대못이 나무 속살을 파고든다
마른나무는 온 힘을 다해 저항하고
날카로운 대못은 마침내 굴복하여 휘어진다
막무가내로 구부러진 대못을 펜치로 붙잡고
더 신중하게 못대가리를 장도리로 내려친다
아뿔싸, 이럴 수가? 한 몸이던 못대가리가 정중앙으로
쪼개져 꽃 수술처럼 팔랑거린다

어제 사 온 날렵한 방부목은 쑥쑥 잘도 들어가는데
몇 번이고 니스칠로 껍질이 통째로 벗겨지는 해묵은 나무
그렇구나, 세월과 사건들이 너를 이토록 단단하게
어금니 물도록 만들었구나
쏟아지는 땀방울, 저릿저릿한 어깨며 팔의 통증
살아생전 그늘과 위안을 주던 당신
이제는 나의 끈기를 시험하고, 부실했던 일상을
돌아보게 하는구나

못이 나무속을 파고들어 평상을 결속하는 게 아니다
파고드는 의지와 지키려는 굳건함이 뭉쳐서
대여섯 사람 앉아도 끄떡없는 편안한 평상이 되는 거다
목수가 만들어 주었던 평상, 수리 비용이 십 년 전 평상값을
맞먹지만 지난 휴일, 생애 최초 산삼 영접했듯이
땀에 흥건히 젖은 몸으로 어둑어둑해지는 해거름
반듯한 평상을 영접한다

밤 기차, 상행선

밤 기차는 나를 새로운 세계로 인도한다
약간의 요통과 두통에 나도 모르게 미간을 찌푸리게 하지만
과거와 미래 현재가 동시에 검은 차창에 떠올라 좋다
달리는 속도와 다가올 내일이 정비례하는 절묘한 연동
다소 후회스러운 낮의 일들 따윈 잊어도 좋을 거라 속삭인다
적막이었다가 불빛 속에 떠오르는 따스한 소도시 속살들

갑자기 휙 스쳐 지나가는 하행선, 짤막한 여운
그래, 그래도 난 살아갈 거다 보란 듯이 잘 살아낼 거다
이름 모를 중병이든, 하찮은 건강염려증이든 내 인생에선
중요하지 않다 오늘 이 시간 쾌속으로 어둠 속을 달리는
산천호에 내 삶이 온전히 실려 있다는 사실 오랜만에
그저 따스하고 평안할 뿐이다

참, 다행이다

많이 힘들었을 거야
견디기 쉽지 않았을 거야
그래도 의연하게 잘 견뎌 왔어
만나는 이가 없는데
소통하는 이가 없는데
버쩍 마른 입술로 염천한발을 지탱해 왔어
그렇다고 함부로 말을 하지 않았어
꼭 쓸 만한 말만 골라 한 건 아니지만
상처 주는 일 없으려고 애썼어

참 다행이야
고통의 길목
삶과 죽음의 경계점에서
간신히 일어서는 떨리는 다리

나무의 몸

저 무뚝뚝한 나무의 몸속에
얼마나 많은 푸른 이파리와 붉은 꽃이 숨어 있을까?
안개비 내리는 고즈넉한 하행선 KTX 차창
갑자기 확 덮쳐오는 아우성, 나무숲

정리, 손톱부터 자른다

나의 책장이며 서랍에 오래도록 담아둔
소중하다고 생각했던 것들
퍼뜩 정신 차리고 보니 죄다 쓰레기들
부끄럽구나 내가 생산한 나의 편린들
팔 걷어붙이고 하나씩, 한 장씩 걷어 낸다

이마에 송골송골 맺히는 땀방울
만 63년 동분서주 달리고 굴려온 몸뚱어리
회한과 추억으로 얼룩덜룩 어제가 오늘인 짧은 역사

우선 급한 대로
손톱 밑의 때가 보기 흉해
밤새 자란 손톱부터 잘라낸다

문학세계대표작가선 1033

시조새 창공을 그리다

조희길 제4시집

인쇄 1판 1쇄 2024년 12월 30일
발행 1판 1쇄 2025년 1월 5일

지 은 이 : 조희길
펴 낸 이 : 김천우
펴 낸 곳 : 문학세계 출판부 / 도서출판 천우
등   록 : 1992. 2. 15. 제1-1307호
주   소 : 서울시 광진구 구의강변로 85 강우빌딩 7F
전   화 : 02)2298-7661
팩   스 : 02)2298-7665
http://cafe.naver.com/chunwu777
E-mail : cw7661@naver.com

ⓒ 조희길, 2024.

값 18,000원

*도서출판 천우와 저자의 서면 동의 없는 무단 전재 및 복제를 금합니다.
*저자와의 협의에 따라 인지는 생략합니다.

ISBN 978-89-7954-944-7